谨以此书献给
为共和国繁荣昌盛而直面冲突、辛勤工作、
无私奉献的公务员们！

公共组织冲突管理研究

Research on Management of Conflict in Public Organizations

于柏青 著

中国社会科学出版社

图书在版编目(CIP)数据

公共组织冲突管理研究／于柏青著.—北京：中国社会科学出版社，
2012.8（2015.6 重印）

ISBN 978-7-5161-1212-0

Ⅰ.①公… Ⅱ.①于… Ⅲ.①组织管理学—研究—中国
Ⅳ.①C936

中国版本图书馆 CIP 数据核字（2012）第 165770 号

出 版 人	赵剑英
选题策划	冯 斌
责任编辑	丁玉灵
责任校对	李 莉
责任印制	李寡寡

出 版	中国社会科学出版社
社 址	北京鼓楼西大街甲 158 号（邮编 100720）
网 址	http://www.csspw.cn
	中文域名:中国社科网 010-64070619
发 行 部	010-84083685
门 市 部	010-84029450
经 销	新华书店及其他书店

印刷装订	哈尔滨市石桥印务有限公司
版 次	2012 年 8 月第 1 版
印 次	2015 年 6 月第 2 次印刷

开 本	710×1000 1/16
印 张	15.5
插 页	2
字 数	171 千字
定 价	56.00 元

凡购买中国社会科学出版社图书,如有质量问题请与本社联系调换
电话:010-64009791

目　录

前　言

　　冲突是人类社会的一种普遍现象，马克思主义经典作家认为，正是冲突的发展和变化，最终推动了人类社会历史的进步。冲突也充斥在公共组织之中，上到国际外交中的纵横捭阖，下到老百姓的吃喝拉撒，无一不涉及冲突的反馈、冲突的治理和对冲突的驾驭。无论是促进经济发展还是进行社会管理，从某种意义上说，都是一个发现冲突、解决冲突的过程。

　　我们这个国度曾经有一段注重冲突、聚焦冲突的历史。当时，哲学家、知识分子、工人、农民都在悉心研读毛泽东的《矛盾论》，从中感悟人生哲理、认识社会，人人沐浴在真理的阳光下。在这样的氛围中，倡导以阶级斗争为纲，发动"文化大革命"应是题中应有之义，有着广泛的社会基础。现在，笔者不去评点那段历史，因为已有定论。笔者只是说，理论的错误理解和对冲突的夸张会深深地影响到人们的现实生活。相反，忽视冲突的客观存在，在理想的真空中粉饰生活，离开冲突的客观存在去研究经济发展和社会进步，也会产生人们不愿意看到的结果。面对不断膨胀、升级的各类冲突我忧心忡忡，由此笔者产生了研究冲突管理的冲动，作博士论文正好给笔者提供了这一契机，本书主要内容是在哈尔滨工业大学读博期间的研究成果，以《公共组织冲突演进机理与管理策略研究》为题的论文被列为黑龙江省软科学攻关项目（GZ09D211）。在知识的深海里下潜，笔者看到了另外一个世界；笔者也不断浮出水面，在现实世界和深海世界之间进行比较、思索。笔者受惠于西方学者对于组织冲突理论的开发，也由衷地钦佩邱益中——一个笔者不曾谋面的理论长者和几位博士论文作者对于我国组织冲突理论的贡献。笔者试图以哲学、组织行为学、冲突管理理论为基础，用公共组织领导者的视角，使用约定俗成的研究工具，遵循规范的研究方法，去开垦我国公共组织冲突管理研究的处女地。于是，形成了展现在读者面前的这本书。

首先是导论。在这一章，笔者对课题来源及研究意义进行陈述，接着介绍基本概念界定和国内外研究现状，最后讲解本书研究内容、结构安排、理论基础和研究方法。这样，读者就会对笔者站在什么基点上研究、研究什么问题和研究思路有一个清晰的了解。

第二章是公共组织冲突现状调研概述。在这一章里，笔者提出了公共组织冲突演进机理框架，并陈述具体的研究过程，包括调查问卷的设计、数据收集、信度和效度检验，以及问卷调查的基本情况和公共组织内部冲突存在的认知情况。

接下来的几章是笔者的理论框架和实证结果。包括四个部分：

一是公共组织冲突类型。通过分析，在已有冲突分类的基础上，根据公共组织的特点，新归纳了3类7种冲突类型，提出按冲突的从属关系分类可分为主动的冲突和被动的冲突，按体制状态分类可分为变革引起的冲突和无为产生的冲突，按工作流程分类可分为决策过程的冲突、执行过程的冲突和控制过

程的冲突。对所有冲突类型进行了归结，提出：所有冲突类型
都可以按冲突演进时间顺序去划分，都要经历潜在冲突、萌芽
冲突、显现冲突三个冲突类型阶段，并提出理论假设，这为有
针对性地进行冲突诊断和处理奠定了理论基础。

　　二是公共组织冲突成因。用组织行为学的视角，从组织、
群体、个体和环境四个层面分析了中国情境下公共组织冲突的
成因。笔者认为，组织层面的冲突，是由制度设计、权力结
构、非正式组织政治化、领导者品格引起的；群体层面的冲
突，是由管辖权边界不清、群体核心人导向、群体与群体间的
竞争、群体成员的个性差异引起的；个体层面的冲突，是由利
益分配、权力和职务晋升、人际沟通、自我冲突引起的；外部
环境层面的冲突，则是由形成冲突氛围、产生冲突条件、传统
文化影响引起的。公共组织冲突是要素之间相互联系的产物、
相互作用的结果，冲突原因通过心理机制的传导，从而实现公
共组织冲突的演进。

　　三是公共组织冲突管理。基于公共组织冲突三个类型阶段
的划分，从诊断工具入手，提出用换位法和推论法诊断处于潜
在阶段的冲突，用测温法和投石法诊断处于萌芽阶段的冲突，
用观察法和调研法诊断处于显现阶段的冲突。基于处于不同阶
段冲突的内部构造、表现特征、引发效应的不同，提出用消除
产生冲突的构件、创造得失平衡、建立共同价值观方法处理潜
在阶段的冲突；用转换冲突相关人的认知、把冲突变为积极因
素、推迟冲突发生时间、改变冲突发生地点、变换冲突角色方
法处理萌芽阶段的冲突；用疏导式、冲击式、冷却式、转移
式、妥协式、拔点式、分解式、正面进攻式、迂回包抄式以及
利用冲突解决冲突的方法处理显现阶段可控制的冲突，用第三

方干预、谈判、武力解决方法处理显现阶段不可控制的冲突，从而创建了一个系统的公共组织冲突管理方法论。

四是公共组织冲突效应和冲突管理效应。分析了公共组织冲突的两面性——破坏性、建设性；建设性冲突和破坏性冲突产生的冲突效应会随着时间和空间变化而变化，甚至在一定条件下，建设性冲突和破坏性冲突可以相互转化。界定了公共组织冲突管理效应的内涵，划分了公共组织冲突管理效应的类型，创建了公共组织冲突管理效应计量模型和冲突管理成本效益模型，并提出冲突管理成本和效益控制应遵循最大限度地减少成本、最大限度地扩大效益、当期效益必须大于成本、成本过大——分期摊销的原则。

以上是本书的框架，当然不是博士论文的框架。书籍首先要考虑到读者的方便，而论文要遵循学校的范式。科学研究的关键在于：我们的理论从何而来，如何进行实证。我采取归纳研究与演绎研究相结合、经验研究与实证研究相结合、西方理论借鉴与中国情境化研究相结合的方法，通过问卷调查、数学统计分析、实验室研究、案例研究、访谈等研究工具，探询现象、概念、假设之间的内在联系，总结公共组织冲突管理特有的规律。通过研究，笔者得出以下结论：

（1）冲突是我国公共组织中客观存在的一种现象。公共组织冲突无论是在组织内部之间、组织与工作对象之间都是常态，公共组织成员对公共组织冲突有着广泛的认知，性别、年龄、受教育程度、行政职务、组织性质、组织规模都不影响对冲突的认知。但冲突的概念在公共组织中是一个敏感的话题，采取回避态度的比较普遍。这些都证明有必要对公共组织冲突的内在规律进行深入研究。

（2）组织冲突有着客观的存在形态。这种形态由于研究者的视角不同被划分成多种类型，这些类型在公共组织中也得到了认同。与此同时，反映公共组织特殊性的冲突类型有着更高的认同度。本书按照冲突的从属关系将冲突划分为主动的冲突和被动的冲突，按照体制状态将冲突划分为变革引起的冲突和无为引起的冲突，按照工作流程将冲突划分为决策过程的冲突、执行过程的冲突和控制过程的冲突。笔者发现：所有冲突类型在时间演进顺序上都可归结为潜在、萌芽、显现三个具有阶段性特征的冲突类型。

（3）公共组织冲突的演进受到各种原因的影响，冲突原因与冲突频率之间，形成了一种变量间的关系。以组织行为学的视角去观察，中国情境下公共组织冲突，可分为组织层面的原因、群体层面原因、个体层面原因，此外，公共组织冲突还受外部环境影响。

（4）针对公共组织冲突的三个演进类型所表现出的不同特征，可以采取相应的诊断和处理方法。而冲突的诊断和处理，历来是冲突管理研究的难点，研究者对此或者仅仅是宏观的理论假设，或者是内容空泛的命题，或者是没有破题，而本书提出了一个系统的方法论。

（5）冲突管理的效应有盈余型、亏损型、零收益型三类。在不同时段内，冲突管理的成本和效益之间会呈现出不同的关系。盈余型的冲突管理效应对应于成本投入小、收效大的冲突管理，亏损型的冲突管理效应对应于成本投入高、收效小的冲突管理，而零收益型的冲突管理效应则对应于成本投入和收效相等的冲突管理。在短期内，正确的冲突管理方法会使冲突管理效益随成本的增加而增加，而错误的冲突管理方法则会使冲突管理效益随成本的增加而减少。在短期内存在两种极端情形，一种是非常正确的冲突管理方法使有限冲突管理成本产生无限效益，另一种则是错误的冲突管理方法使无限增加的成本只产生固定的效益。如果冲突处理的时间过长，则会使冲突管理成本效益曲线呈现出近似梯形的状态。

本书的理论创新体现在：

（1）对公共组织冲突类型的归结。如果对组织冲突不能界定出固定的形态，就无法研究对应的冲突诊断和处理方法。本文对冲突演进三阶段模型的归结，不但客观上发掘了冲突的演进路径，也为研究冲突的诊断、冲突的处理奠定了理论基础。

（2）公共组织冲突的动因与中国情境化的研究。在吸收已有研究成果的基础上，本文着眼于本土化的研究，以组织行为学的视角，对产生公共组织冲突的原因进行组织、群体、个体、环境四个维度的剖析，既有理论特色，又有本土印迹；既有理论假设，又有规范实证，形成了鲜明的理论特征。

（3）公共组织冲突诊断和处理方法的提出。解决冲突须先诊断冲突，然而对冲突诊断的具体研究，却无人问津。冲突处理如何超越西方学者的宏观模型，给出一个系统化操作性的答案，也是一个富有挑战性的课题。本文在上述两个方面都进行了有益的探索。

（4）冲管理效应模型的创立。在以往研究中，学者们只注意到了冲突的效应问题，即对破坏性与建设性的认识，但对冲突管理效应至今无人提及。实际上，冲突管理效应是客观存在的，否则，冲突为什么要进行管理就失去了依据。本文界定了冲突管理效应的内涵，分析了冲突管理效应的类型，研究了冲突管理效应的计量，创立了冲突管理成本效益模型，提出了冲突管理成本和效益控制原则。这些，都为冲突管理理论充添了新的内容。

（5）公共组织冲突管理的实证研究。综合运用问卷调查、数学统计分析、实验室研究、案例研究、访谈等多种研究工具，对公共组织冲突管理进行正面的实证研究，在我国学术界理论界尚属首例，具有开创性意义。

虽然公共组织冲突管理是组织行为学的一个重要分支，但我国对公共组织冲突管理研究较少，可以参考的东西不多，这就使本书研究面临着许多现实的困难。本书从分类、成因、演进、管理策略以及管理效应等方面对中国情境下的公共组织冲突进行了相关研究，实现了对已有相关理论的补充与完善，事实上，公共组织冲突和冲突管理相关理论所包含的内容非常广泛，从宏观架构上讲，本书所作的研究可以作为冲突及冲突管理相关理论的有机组成部分，同时，本书所作的研究无论在深度和广度上都还有大量后续工作需要开展。我们可以丰富已有的理论，在公共组织冲突管理理论中增加新的变量，分析和实证已有的理论命题或假设在不同条件下所表现出来的情形，使原来的理论更加全面和严谨，增加理论的解释力和预测力。可以进行证伪研究，对已建立起来的公共组织冲突管理理论进行挑战，以新的证据作出新的解释，以弥补理论的不足。也可以将其他领域的理论移植到公共组织冲突管理理论中来，以新的视角观察、分析公共组织冲突和管理，从而繁衍出新的理论。还可以在已有的几个理论基础上进行整合，构建一个新的理论模型，使新的理论比原有的理论具有更强的解释力。

总之，对组织冲突管理的研究是一项复杂庞大的系统工程，本书所作的研究只是其中一小部分，在相关领域内还有着非常广阔的空间有待于进一步探索，与冲突有关的研究，尤其是与公共组织冲突有关的研究还需要不断的补充与完善，以实现对冲突的科学认识和有效管理，提高组织的运转效率，促进社会的发展与进步。笔者深深地期待着有更多的朋友加入中国情境下的公共组织冲突管理研究行列，共同丰富我国的组织冲突管理理论，也为人们在实践中认识冲突、驾驭冲突提供可资借鉴的参考——毫无疑义，无论是在现在，还是将来，这都是一件很有意义的事情。

作者

2012 年 5 月 30 日

第一章 导　论

一　课题来源及研究意义

（一）研究背景

冲突是人类社会的一种普遍现象，马克思主义经典作家认为，正是冲突的循环往复，推进了人类社会的进步。目前，我国正进入城市化、工业化的关键时期，经济转型带来社会冲突，利益主体多元引发经济冲突，不同价值观冲撞引起文化冲突，人们的现实生活，似乎被不断升温的冲突所笼罩着。人均GDP 达到 3000 美元后，是公认的社会矛盾凸显期。① 我国正处于这一冲突白热化的区间。

在计划经济时期，我国公共组织倡导以阶级斗争为纲，党和国家领导人断言："阶级斗争一抓就灵。"企望用冲突解决中国社会的所有问题，引发了十年浩劫和国家、人民的贫穷。进入改革开放阶段以后，不再"以阶级斗争为纲"，取而代之的是"以经济建设为中心"，从此中国发生了巨变，人民生活不

_____

① 中国社会科学院：《2005 年社会蓝皮书》，社会科学文献出版社 2005 年版。

断富裕，国家日益强盛。因此，人们忘却了冲突的客观存在，一些公共组织领导者不再直面冲突，似乎一提冲突，就极"左"或落伍。这种对冲突两个极端的认识，有碍于我们正确的进行冲突管理，不利于公共组织冲突的应对。在一些地方，由于公共组织没有很好地处理冲突，一些本来不应该发生的冲突大量涌现，一些小的冲突演变成声势浩大的打砸抢烧群体性事件，给这些地方的组织造成了很大负面影响，也造成了巨额经济损失。我们这个正在转型的社会似乎被冲突笼罩着，变得非常脆弱，现实呼唤着理论的指导。当冲突迎面而来的时候，一些冲突管理者感到意外和迷茫，仓促应对，是因为不了解冲突的演进机理，对冲突的发生发展过程缺乏判断，从而使自己陷入被动；当冲突摆在冲突管理者面前，一些人感到束手无策，是因为不掌握冲突管理的策略和方法，不会处理冲突，甚至激化冲突。所有这些都是我们漠视冲突、缺乏理性处理冲突的结果。

正确认识冲突，借鉴西方的冲突管理理论研究冲突，探讨冲突的规律以把握冲突，尤其是负有公共组织冲突管理主导者使命的领导者如何处理冲突，是摆在研究者和实践者面前的一个重大课题。遗憾的是，我们对此知之甚少，对公共组织领导者冲突管理既缺乏实践的总结，更缺少理论的思辨。

正是在这样的背景下，本书从领导者的视角研究我国公共组织冲突管理问题，以"公共组织冲突管理研究"为题开展讨论和分析。笔者将立足于中华民族的文化背景和行为特点，立足于解决理论和实践中尚未解决的问题，整合中西方冲突管理思想和理论观点，探寻公共组织所面对的组织冲突管理规律。

(二) 问题的提出

公共组织冲突管理是一个独特的研究领域,公共组织冲突的发生、发展和冲突的诊断处理以及产生的效应有着内在的规律性,这种规律性使冲突和冲突管理形成了一个严密的体系,与此同时,形成了这个体系的链条又反映出各自内在的规定性。我们要对公共组织冲突演进机理与管理策略进行科学的理论描述,就必须提出四个核心问题:

1. 我国的公共组织的冲突内在动因和外部影响是什么? 本书将对冲突内在动因和外部影响的构成和种类进行划分。对中国公共组织如何界定,其结构和特征是什么,被西方学者广泛共识的冲突原因在我国公共组织中是否具有普适性,中国情境下的公共组织冲突的特殊动因有哪些等问题进行理论思辨,从而为公共组织有针对性地进行冲突管理提供依据。

2. 我国公共组织冲突的类型有哪些? 在以往的研究中,中、西方学者以不同的视角对冲突进行了多类型的划分,对组织冲突理论作出了很大贡献。但是,划分的类型太多,使得管理与类型脱节,管理方法不能很好地回答对哪些类型的冲突适用,这就使管理方法的适用性大打折扣。笔者在本书中,将对冲突类型进行合乎逻辑的归类,从而为冲突的诊断和处理提供依据。

3. 我国公共组织冲突管理的内涵和外延是什么? 本书将对冲突管理实质进行探析,研究如何进行冲突诊断和处理,冲突诊断准确率与哪些因素有关,冲突管理策略和方法有哪些,借以提高公共组织冲突管理的效果。

4. 冲突管理需不需要考虑效应问题? 冲突管理效应要如何

控制？这也是本书重点回答的一个问题。在研究中，笔者也注意到了冲突管理成本问题，这是一个客观存在、冲突管理者不能回避的问题，但是中、西方学者对此还没有顾及到，本书将对冲突管理成本、冲突管理效益以及它们之间的关系进行分析，力图实现最佳的成本控制。

（三）研究目的和意义

1. 研究的目的在于构建中国情境下的公共组织冲突管理的理论框架，丰富我国的组织冲突管理理论内容。迄今为止，国外和国内的研究者还很少有人正面涉猎这一主题，笔者对这一问题的研究，将为后来者的研究提供一个开端，为组织冲突管理理论注入新的内容。

2. 其理论意义在于对公共组织冲突与管理问题进行实证研究。这是我国在本研究领域的一个缺陷。本书将综合运用问卷调查、案例研究、实验室研究、数学统计分析和访谈等多种实证方法，对公共组织冲突类型、冲突成因、冲突的诊断和处理、冲突管理效应进行实证分析，增强理论构建的信度。

3. 其实践意义在于为公共组织领导者管理冲突提供基本方法。在纷繁复杂的社会生活中，背负着经济建设和社会稳定的双重压力，如何处理好来自各个方面的冲突，是公共组织领导者不可逃避的一个现实课题，需要理论的指导。通过对冲突管理的探讨，开启科学之门背后带有神秘色彩的规律，以及反映这些规律的策略、方法、技巧，对于当代中国的领导者们具有十分重要的实用价值。

（四）基本概念界定

1. 冲突

冲突可以看做是行为对立过程。托马斯（Thomas. K. W）（1992）指出，当一方感觉到另一方已经损害其利益，或感觉到另一方计划开始损害其利益时所引发的过程。[①]乔森纳·特纳（Jonathan Turner）指出，冲突是双方之间发生的一种公开性和直接性的互动过程，在这一过程中，任何一方的行动意图都是阻碍对方实现其目标。[②]而庞迪（Pondy）则指出，冲突是存在于组织行为中的一种本质性的、根本性的动态过程。[③]余凯成则认为，冲突是行为主体之间的一种行为对立状态，这种对立状态则主要由于行为主体间的目标和手段等存在差异而导致的。[④]韩平指出，冲突是相互依赖的多个主体间产生的不调和、不一致的互动过程，这一过程主要由行为主体间存在利益、目的和手段等方面的差异所引发。[⑤]

综合以上，本书认为，冲突是相互关联的行为主体之间，由于某些因素所导致的心理与行为上的对立过程。这一过程产生的结果不都是消极的，也有积极的、建设性的一面。

2. 组织冲突

人类为了征服自然和改造社会所形成的社会团体即为组

[①]　Thomas K W. *Conflict and Negotiation Processes In Organizations. Handbook of Industrial and Organizational Psychology*，1992，（3）：pp. 651 – 717.

[②]　Jonathan H T. *The Structure of Sociological Theory. Belmont：Wadsworth Publishing*，2002.

[③]　Pondy L R. *Organizational Conflict：Concepts and Models. Administrative Science Quarterly*，1967，（12）：pp. 296 – 320.

[④]　余凯成：《组织行为学》，大连理工大学出版社 2001 年版。

[⑤]　韩平：《行政组织内部冲突的和谐管理》，学位论文，苏州大学 2006 年。

织。组织中存在着人际之间、群际之间以及组织之间的多种层次的交往活动。不同的个人、群体以及组织之间存在着不同种类的依赖关系，这些关系在产生合作的同时也会引发分歧与对抗等，进而形成组织冲突。①

关于组织冲突的成因存在多种观点，罗宾斯（Robbins）通过研究将组织冲突的成因划分为个人因素、沟通和结构三大类。② 沃尔（Wall）和卡利斯（Callister）则将组织冲突的成因划分为个人之间的因素和个人自身的因素，其中个人之间的因素又可以分为五类，具体包括行为、认知、沟通、结构以及先前交互行为等。③ 王琦等人（2003）将其又归纳为利益、权力、个体特征、沟通以及结构等方面。④

笔者认为，组织冲突是组织内部个人间、群体间，以及组织与工作对象之间心理与行为上的对立过程。组织冲突包括企业组织冲突与公共组织冲突。

3. 公共组织冲突

在公共管理学和公共组织学里，公共组织有广义和狭义两种，广义的公共组织，又叫非营利组织，包括凡是以追求公共利益为宗旨、只服务于社会而不以任何营利为目的的组织；狭义的公共组织是专指能够通过行使公共权力而达到公共利益目的的非营利组织。⑤

---

① 潘小军：《我国行政组织冲突管理的辩证思考》，学位论文，四川师范大学 2007 年。
② Stephen P R, Timothy A J. Organizational Behavior. 13th Edition. US; Prentice Hall, 2008.
③ Wall J A, Callister R R. Conflict and its Management. Journal of Management, 1995, 21（3）: pp. 515–558.
④ 王琦、杜永怡、席酉民：《组织冲突研究回顾与展望》，《预测》2004 年第 3 期。
⑤ 郭峰、石胜民：《论公共组织中的冲突管理》，《辽宁行政学院学报》2006 年第 4 期，第 5—6 页。

陈振明将公共组织分为三类：一是强制型公共组织。主要指政府部门。二是半强制型公共组织。主要指各种形式的仲裁委员会、消费权益委员会、各种行业协会等。三是非强制型公共组织。主要指各种院校、研究所、基金会、医疗机构、文化科技团体等。① 本书所说的公共组织是指代表公共利益、行使公共权力、提供公共服务、供给公共产品、维护公共秩序、承担公共责任的组织，② 包括各级党委、人大、政府、政协、群团和检法等行使公共权力的机构。本书所说的公共组织冲突是这些组织内部个人间、群体间以及组织与工作对象之间心理与行为上的对立过程。

4. 公共组织的冲突管理

冲突管理，从广义上讲，是冲突主体对于冲突问题的发现、认识、分析、处理、解决的全过程和所有相关工作，也就是对潜在冲突、知觉冲突、意向冲突、行为冲突、结果冲突全过程进行研究管理；从狭义上讲，冲突管理则着重把冲突的行为意向、冲突中的实行行为以及反应行为作为管理对象，研究在两个阶段有效管理冲突的内在规律、应对策略和方法技巧。③本书所指的冲突管理，是指在对冲突类型、冲突成因、冲突管理成本进行分析的基础上，对冲突进行诊断、处理的过程，以及在这一过程中采取的策略和具体方法。本书将从公共组织领导者的视角研究公共组织冲突管理问题，这样，研究方向更加明确，条理将更加清晰，在实践中的指导作用将会更强。

---

① 陈振明：《公共组织理论》，上海人民出版社 2006 年版。
② 孙萍、张平：《公共组织行为学》，中国人民大学出版社 2006 年版。
③ 马新建：《冲突管理：基本理念与思维方法的研究》，《大连理工大学学报（社会科学版）》2002 年第 3 期，第 19—25 页。

（五）研究内容和结构安排

1. 研究内容

本书具体研究内容为：

第一章：导论。介绍课题来源及研究意义，主要包括研究背景、研究目的和意义、研究内容和研究思路。对国、内外学者组织冲突研究成果进行综述，描绘出其研究内容分类、主要观点、研究现状和留下的空间。

第二章：公共组织冲突现状调研概述。利用调查问卷方法对我国公共组织冲突现状进行阐述。

第三章：公共组织冲突类型。从冲突演进的维度，对我国公共组织冲突类型进行分类。

第四章：公共组织冲突成因。对我国公共组织冲突形成机理进行研究。

第五章：公共组织冲突管理。提出我国公共组织领导者冲突管理的诊断和处理方法。

第六章：公共组织冲突效应和冲突管理效应。创建冲突管理成本效益模型，提出对成本和效益进行控制所应遵循的原则。

2. 结构安排

本书拟在研究背景阐释的基础上，提出公共组织领导者冲突管理研究问题。通过国内外学者对这一问题的研究综述，提出理论假设，包括冲突类型之假设、冲突成因之假设、冲突管理方法之假设、冲突管理效应控制之假设，并分别用实证方法加以证明，得出结论。

研究结构如图1—1所示。

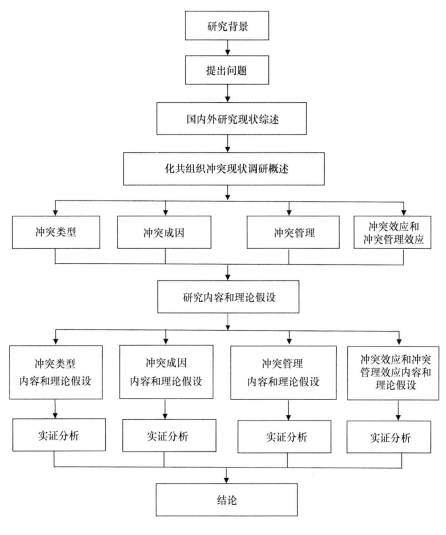

图1—1　研究内容

（六）理论基础和研究方法

1. 理论基础

（1）哲学。本书研究所说的哲学特指马克思主义哲学，即辩证唯物主义和历史唯物主义。其研究的核心课题包括世界的物质性、意识的起源和本质及作用、唯物辩证法的规律、唯物辩证法诸范畴、认识和实践、真理、生产力和生产关系、经济基础和上层建筑、国家和革命等。其中，世界是物质的，物质是运动的，运动是有规律的，规律是对立统一规律、质量互变规律、否定之否定规律，对矛盾（冲突）双方依存性和斗争性的解析，以及对原因和结果、必然性和偶然性、可能性和现实性、形式和内容、现象和本质等唯物辩证法诸范畴的阐述，对本书有方法论意义。

（2）组织行为学。组织行为学探讨个体、群体以及结构对组织内部行为的影响，目的是用这些知识改善组织绩效。其研究的核心课题包括动机、领导行为和权力、人际沟通、群体结构与过程、学习、态度与知觉、变革过程、冲突、工作设计以及工作压力。[1][2] 这些课题的研究成果，为本书理论建构提供了支持。

（3）冲突管理理论。冲突管理理论，是研究冲突形成机制、运动过程和管理方式的学说，目的也是改善组织绩效。其研究的核心课题包括冲突和冲突管理的内涵、冲突管理的对象、冲突的动因、冲突的升级与消减、冲突的效应、冲突管理策略、引入"第三方"等。经过学者们的共同努力，冲突管理的理论视野逐步从业已发生、暂时的冲突事件拓展到了包括已经发生、尚未发生以及无限期进行中的冲突事件等

---

① Garcia J E, Keleman K S. *What is Organizational Behavior Anyhow？*. *The 16th Annual Organizational Behavior Teaching Conference*. Columbia，Missouri，June 1989.

② Heath C，Sitkin S B. Big－B Versus Big－O：*What is Organizational about Organizational Behavior? Journal of Organizational Behavior*，2001，（2）：pp. 43－58.

广阔的领域，冲突管理理论与方法也从单一层面事发后的处理，提升到冲突事件的事前预防、事中监控以及事后处理多层面全过程的系统模式。① 已经取得的冲突管理理论成果，为本书研究奠定了很厚实的基础，使得本书研究站在一个很高的起点上。

哲学使笔者对课题研究的宏观驾驭不偏离方向，组织行为学和冲突管理理论使笔者对课题研究的具体操作更趋稳妥。由于冲突管理是一个跨学科的领域，哲学把矛盾（冲突）作为核心课题来研究，组织行为学又是冲突管理理论的一个重要来源，因此，三者在冲突管理上多有交汇之处，本书也正好得益于此。三个学科都从不同角度研究冲突管理问题，互为支撑，交相辉映，使得公共组织领导者的冲突管理研究的理论基础更厚实，更多彩。

2. 研究方法

（1）归纳研究与演绎研究相结合。本书所研究的课题，即中国情境下的公共组织领导者所面对的冲突，以及如何分析、诊断和处理冲突，还找不到现成的理论来解析，因此，需要用归纳研究提出命题，构建理论。但是，归纳研究与演绎研究是不能截然分开的，两者是一个不断循环的过程。本书研究从现象开始，但前提是通过阅读大量文献，掌握了已有理论的框架和边界，是站在已有理论的制高点上进行新的研究。演绎过程影响到概念和假设的提出，也影响到了数据的搜集，而搜集到的数据又为概念和假设的发展与修改提供

---

① 马新建：《冲突管理：基本理念与思维方法的研究》，《大连理工大学学报（社会科学版）》2002 年第 3 期，第 19—25 页。

了更多的证据。

（2）经验研究与实证研究相结合。作者本身就是公共组织领导者，在几十年的工作历程中，对冲突和冲突管理有独到的感悟。在撰写论文过程中，要深入挖掘这些感悟和这些感悟后面的现象、事实，总结出现象、概念、假设之间的内在关系，探索公共组织领导者冲突管理的特有规律。同时，也不能用经验代替一切认知。要在经验研究的同时导入实证研究，用问卷调查、数学统计分析、案例研究、实验室研究、访谈等方法，对公共组织领导者冲突管理进行多维度的实证研究，使结论和假设更接近客观现实，更具有普适性和证伪性。

（3）西方理论借鉴与中国情境化研究相结合。欧美学者对冲突管理的研究已有200多年的历史，尤其是近几十年来，冲突管理理论有了很大发展，取得了颇丰的理论成果，形成了比较完整的冲突管理理论体系。相对于西方而言，我国对组织冲突管理研究还刚刚起步，在公共组织冲突管理实证研究上，还处于空白状态。因此，在进行课题研究时，借鉴西方已有冲突管理理论，是进行科学研究的现实需要。但是，也必须注意到，"聚焦于西方流行的主题，而忽略来自于情境中的问题，我们就冒着没能问正确问题的风险"，来自于西方情境下的理论和测量是一个很好的起点，但在处理中国的现象，在推动管理知识的进步的时候都是不够的。① 因此，在借鉴西方冲突管理理论的同时，也必须进行中国情境化研究，努力做到以下几点：一是在研究内容方面不局限于关注现有西方文献中流行的主题和现象，更加关注中国公共组织在冲突管理方面所涉猎的

---

① 陈晓萍、徐淑英、樊景立：《组织与管理研究的实证方法》，北京大学出版社2008年版。

特有的或重要的问题。二是在理论构建方面，既注意应用西方现有的冲突理论，更注意创建适合中国情境的新理论。三是在方法论上，既要运用西方文献中现有的测量工具，也要注意开发新工具，设计新的量表，即在中国情境下，开发新的方法论来观察、记录和分析数据。

二 国内外研究现状综述

（一）国外研究现状综述

组织冲突管理一直是管理理论研究的一个重点，但往往侧重于企业组织的冲突管理，对公共组织冲突管理论及甚少，由于中西方政治体制迥然不同，还没有见到西方学者对这一问题的著述。因此，本综述只谈一般意义上的组织冲突管理，即企业组织冲突管理。

传统的组织理论相关学者普遍认为冲突总会产生负面的消极影响，从而要尽可能把组织中的冲突控制在最小化的程度。传统的组织理论相关学者普遍认为冲突带来的影响总是负面的，冲突会降低组织运转的效率，从而要尽可能把组织中的冲突控制在最小化的程度。此时组织被视作是相对封闭的系统，冲突也被认为是影响组织运转效率的因素，"利润分享计划"、"利益结合原则" 等是相应的解决或缓解冲突的主要原则和方法。①

这一时期对冲突进行研究的代表性学者主要包括泰罗（Fredrick W Taylor）和梅奥（Elton Mayo）。泰罗（Fredrick W

---

① 郭朝阳：《冲突管理：寻找矛盾的正面效应》，广东经济出版社 2000 年版。

Taylor）被称为"科学管理之父"，他指出劳资双方应进行思想上的"心理革命"，使得"双方的注意力不再集中于盈余的分配，而是将其转向盈余的增加，进而使盈余增加到没有必要再对盈余的分配进行争论"。[①] 进一步地，在"心理革命"的基础之上，泰罗又提出"差别计件工资"以及"计划职能与执行职能相分离"等提高效率的方法，进而能够增加盈余，缓解劳资矛盾。"经济人"假设是泰罗对冲突进行研究的基础。此后，梅奥（Elton Mayo）提出了冲突中的人应为"社会人"的假设，梅奥在霍桑实验的基础之上建立了人际关系学说，他指出对冲突的处理不应仅局限于经济方面，组织中的个体不仅需要物质激励，同时也需要人文关怀。梅奥的主要观点包括：（1）人是"社会人"；（2）在正式组织中也存在非正式组织；（3）新的领导方式应着眼于提高组织中个体的满意度。[②]

1. 冲突形成的原因

从已有的研究来看，关于冲突成因的观点主要集中在以下几个方面：

（1）个体特征。个性、价值观、个人目标以及角色是导致组织冲突的个体特征的几个主要方面。一是，组织成员之间存在个性上的差异，这种差异越大，成员之间就越不容易进行合作，也就越容易引发矛盾，进一步造成心理冲突或感性冲突，并难以消除。[③④] 二是，价值观引导人的行为。[⑤] 社会地位、文

---

① Taylor F W：《科学管理原理》，马风才译，机械工业出版社 2007 年版。

② Mayo E：《工业文明的社会问题》，费孝通译，商务印书馆 1964 年版。

③ Bion W R. *Experience in Groups. US：Routledge*，1991.

④ Baron R A. *Personality and Organizational Conflict：Type a Behavior Pattern and Self - Monitoring. Organization Behavior and Human Decision Processes*，1989，（44）：pp. 281 - 297.

⑤ Weber M. *The Theory of Social and Economic Organizations.* New York：The Free Press，1947.

化、工作性质、经济条件、个性和阅历等方面都会对价值观产生不同的影响。在组织中价值观的差异是普遍存在的，由此所引发的冲突实际上体现了不同世界观之间的冲突，因此难以对这类冲突进行协调。同时这类冲突在非营利性的组织中存在的要更为广泛。[①] 三是，组织成员具有自己的个人目标，当其和其他组织成员的个人目标之间存在竞争时，就可能导致冲突的发生，并且更高的目标对应于更大的冲突发生可能性。[②] 四是，罗伯特（Robert）是最早对组织中的角色进行研究的学者之一，他指出，不同的焦点人物会受到其所在角色组的压力，使得焦点人物在其对应的角色和其所承受的压力之间进行权衡，这一过程会产生心理冲突，并且这一心理冲突会对焦点人物相关的人际关系和工作满意程度造成进一步影响。[③]

（2）沟通。组织成员进行沟通的过程也是其相互传递信息的过程，如果沟通存在阻滞，则会进一步增加组织成员之间进行协作的难度，进而成为冲突的来源。[④] 以下几个方面会导致组织中信息的无效传递：一是所传递信息具有模糊性，或者信息的传递者未能充分理解所要传递的信息，将会使信息的接收方收到模糊信息，或者使信息接收方对所接收到的信息产生错误理解。二是传递信息的工具功能不够完善，或者信息的传递者和信息的接收者在认知、动机或思想等方面存在差异而导致

---

① Warner M, Sorge A. *The IEBM Handbook of Organizational Behaviour*. UK: *Thomson Learning*, 2000.

② Pruitt D G, Rubin J Z. Social Conflict: *Escalation*, *Stalemate and Settlement*. New York: McGraw – Hill, 1986.

③ Robert. L. K: 《管理与组织行为经典文选》，李国洁、王毅、李国隆译，机械工业出版社2000年版。

④ Pondy L R. Organizational Conflict: *Concepts and Models. Administrative Science Quarterly*, 1967, (12): pp. 296 – 320.

信息在传递过程中被错误理解。三是信息传递者和接收者互不信任，或者信息在传递过程中被曲解或人为破坏等都会增加传递无效信息的可能性。四是官僚性较强的组织进行信息传递时，会使信息进行压缩或膨胀，从而导致失真信息的产生。沟通过程中信息失真所导致的误解则往往成为冲突的重要来源，同时被错误归因的语言、表情等信息也是冲突可能的来源。[①]

（3）结构。组织结构建立之后，组织成员之间的相互依赖性也就随之产生，如果在这一过程中同时出现组织成员之间的目标差异或认知差异，则冲突也会随之产生，此外，如果相互依赖的关系限制了组织成员之间的欲望、行为或产出时，也容易导致冲突的发生。[②] 由于在组织中的位置或角色存在差异，不同的组织成员会对组织形成差异性的认识和看法，进一步导致局部思维的产生。局部思维与相互依赖关系同时存在，也会引发相应的冲突。所以，如果组织的设计建立在功能划分的基础之上，进而将组织划分成具有不同功能的多个部分，则相应的冲突就难免发生，[③] 同时冲突在同级和非同级的部分之间都有可能产生。[④] 如果组织中一方的收益建立在另一方的损失基础之上，即组织结构建立了一种利益分配关系时，冲突也更容易被激发。在这种情况下，如果资源高度丰富、一方高度宽容或者双方均未认识到上述分配关系的本质，则不会由于组织结

---

① Thomas K W. Pondy L R. Toward. *an "Intent" Model of Conflict Management Among Principal Parties. Human Relations*，1977，130：pp. 1089 – 1102.

② Wall J A，Callister R R. *Conflict and its Management. Journal of Management*，1995，21 (3)：pp. 515 – 558.

③ 邱益中：《企业组织冲突管理》，上海财经大学出版社 1998 年版。

④ Eugene S. *Organizational Conflict：Causes and Manifestations. Journal of the Society of Research Administrators*，1979，11 (1)：pp. 29 – 41.

构而产生过高频率的冲突；反之，如果有一方组织成员认为相对付出而言，其所获得的收益较少，则会增加冲突发生的频率。[1] 如果组织结构建立了一种对于第三方的依赖关系，则也会增加冲突，在这种情况下，冲突双方的关系会很容易受到第三方的态度和偏好等因素的影响。[2] 但如果群体间的联系能够借由组织结构得以增强，或者组织结构能够为组织成员间提供合作的条件和动机，则会避免一些冲突的产生，即组织结构也会对冲突管理产生积极的影响。[3]

（4）权力与政治。权力斗争也是一个较为普遍的冲突来源。[4] 权力决定了组织成员对稀缺资源的占有和使用程度，与资源分配相关的心理契约、势力范围、习惯与传统、指挥链以及影响力等方面都会引发冲突。在这种情形下，如果一方组织成员的权力被组织中的另一方削弱，或者组织中出现权力失衡，就会使得相对较弱的一方抵制相对较强的一方，甚至通过引发冲突来提高权力。[5]

（5）利益。组织是各种利益的混合体，并且需要不断对这些利益进行协调。此处的利益主要指经济、名誉、地位等形式的利益。个人利益、小团体（非正式组织）利益以及部门（正式组织）利益共同构成了组织的利益。组织中不同个体或不同

---

① Wall J A, Callister R R. *Conflict and its Management. Journal of Management*, 1995, 21 (3): pp. 515 – 558.

② Smith K K. *The Movement of Conflict in Organizations: The Joint Dynamics of Splitting and Triangulation. Administrative Science Quarterly*, 1989, 34: pp. 1 – 20.

③ Nelson R E. *The Strength of Strong Ties: Social Networks and Intergroup Conflict in Organizations. Academy of Management Journal*, 1989, 32: pp. 377 – 401.

④ Blalock H M J. *Power and Conflict: Toward a General Theory*. Newbury Park: Sage, 1989.

⑤ Ferguson E A, Cooper J. *When Push Comes to Power: A Test of Power Restoration Theory's Explanation for Aggressive Conflict Escalation. Basic and Applied Social Psychology*, 1987, 8: pp. 273 – 293.

群体之间产生的利益对立，通常是导致组织中发生冲突的基本原因。利益分配是组织成员关于利益进行争执的焦点。组织中各种利益对立通常是引发冲突的根本性原因。如果组织中一方的意愿违背了其他方的利益，或者与其他方的公平公正原则相悖，就会引发冲突。[①] 一个典型的例子就是薪酬体系的设计，如果薪酬体系被组织成员视作违反了公平与公正的原则，就会由此引发冲突。组织中对利益的争夺是客观存在的，其原因即组织资源的稀缺，而由此引发的冲突则是一种零和游戏。

2. 冲突类型

不同的研究者出于不同的研究目的对冲突进行分类研究时，所得出的分类研究结果也不尽相同，总的来看，这些分类都是某一个学者从某一个角度单一的分析，缺乏完整性和系统性。谢泼德（Sheppard）（1984）将与冲突相关的变量总结归纳为 35 个，并进一步将其划分为 3 大类。[②] 此后，詹姆森（Jameson）（1999）则认为可以按照冲突的内容、关系和情境对组织冲突进行分类。[③] 在詹姆森（Jameson）研究的基础上，刘新（2010）又对组织冲突分类体系进行了完善，根据刘新的研究，组织冲突可以按照冲突主体、冲突内容、性质与效应、规模、关系、空间、时间等维度进行划分，其中按冲突主体又可划分为自我冲突、人际冲突和群际冲突；按冲突内容又可划

① Kuenne R T. *Conflict Management in Mature rivalry. Journal of Conflict Resolution*，1989，33：pp. 554 – 566.

② Sheppard B. *Third Party Conflict Intervention：A Procedural Framework. Research in Organizational Behavior*，1984，6：pp. 141 – 190.

③ Jameson J K. *Toward a Comprehensive Model for the Assessment and Management of Intraorganizational Conflict：Developing the Framework. The International Journal of Conflict Management*，1999，10（3）：pp. 268 – 294.

分为客观的冲突与主观的冲突、现实冲突与非现实冲突、实质冲突与情感冲突、认知冲突与情感冲突、任务冲突与关系冲突以及过程冲突等；按性质与效应又可划分为正式冲突与非正式冲突、竞争型冲突与合作型冲突、良性冲突与恶性冲突等；按规模可以划分为局部冲突与全局冲突；按关系可划分为高依赖型冲突与低依赖型冲突、双方冲突与多方冲突、信任的冲突与不信任的冲突等；按空间可划分为纵向冲突与横向冲突；按时间可划分为持续冲突与间断冲突等。①

（1）根据冲突主体划分。对冲突进行研究时首先要明确冲突的主体，冲突的主体指冲突的主人公或当事人。多伊奇（Deutsch）（1990）将冲突划分为五大类，包括自我冲突、人际冲突、群际冲突、组织间的冲突以及国家或民族间的冲突。②其中自我冲突主要发生在个体自身之中，当个体难以同时胜任多重角色，或者个体自我期望和外界期望不一致时，就会对个体造成一定的心理压力，进而表现为角色冲突。人际冲突则是指不同个体在相互联系、相互作用的过程中所产生的各种矛盾。群际冲突指的是不同群体之间发生的冲突。对组织冲突进行研究时主要关注的是对组织具有一定影响且发生在组织之内的冲突问题，因此自我冲突、人际冲突和群际冲突是组织冲突相关研究所主要关注的对象。

（2）根据冲突内容划分。在多伊奇（Deutsch）（1973）、③

　　①　刘新：《企业组织冲突管理研究——以石油企业为例》，学位论文，中国地质大学（北京）2010 年。

　　②　Deutsch M. Sixty Years of Conflict. *The Intenational Journal of Conflict Management*，1990，1：pp. 237 – 263.

　　③　Deutsch M. The Resolution of Conflict：*Constructive and Destructive Processes*. US：Yale University Press，1973.

费希尔（Fisher）和凯士雷（Keashly）（1991）①的研究中，冲突被划分为主观的冲突和客观的冲突两类，前者主要指那些由价值观、观点、看法等无形因素之间的差异所导致的冲突，后者主要指与客观事实或资源等因素相关的冲突。对于主观冲突而言，难以找到充分的解决方法以及明确的标准答案，对于客观冲突，则存在一种或多种最佳解决方法，即客观冲突存在明确的标准答案。②哈罗德·格兹考（Guetzkow）和吉尔（Gyr）（1954）将冲突划分为实质冲突和情感冲突两类，前者是基于任务实体的，而后者则是基于人际关系的。③由于任务不同而导致不同意见的产生，进而引发的冲突被称之为实质冲突，而由于人际关系所引发的情绪方面的冲突则被称之为情感冲突，这两种冲突虽然在不同的基础上产生，但其却可能导致类似的冲突行为和结果。科塞（Coser）（1956）则根据冲突的内容将冲突划分为现实的冲突和非现实的冲突④。当某些具体的需求和期望难以满足时，会引发需求和期望相关主体的受挫情绪，从而引发冲突，这类冲突被称之为现实的冲突。与现实的冲突不同，非现实的冲突是压力与紧张情绪的宣泄或释放，此时没有明确的需求和期望与之对应。科塞（Coser）指出，受现实的冲突驱动，个体会去积极地寻求改变，而非现实的冲突则难以起到类似的驱动作用，无法引起更有效的变革和创新。科西

①　Fisher R J, Keashly L. *The Potential Complementarity of Mediation and Consultation within a Contingency Model of Third Party Intervention*. Journal of Peace Research, 1999, 28（1）: pp. 29 – 42.

②　Jameson J K. *Toward a Comprehensive Model for the Assessment and Management of Intraorganizational Conflict: Developing the Framework*. The International Journal of Conflict Management, 1999, 10（3）: pp. 268 – 294.

③　Guetzkow H, Gyr J. *An Analysis of Conflict in Decision – making Groups*. Human Relations, 1954, 7: pp. 367 – 381.

④　Coser L A. *The Functions of Social Conflict*. New York: The Free Press, 1956.

尔（Cosier）和罗斯（Rose）（1977）将个体对事实的认识和
理解上存在的差异定义为认知冲突，[①] 在此基础上，普赖姆
（Prime）和普赖斯（Price）（1991）、亚马逊（Amason）
（1996）将冲突进一步划分为情感冲突和认知冲突。[②] 前者是由
竞争或沟通不畅所引发的人际情感不合所引起，而后者则由主
体对完成任务方式存在判断差异所引起。赛提亚纳拉亚纳
（Satyanarayana）等人（2011）的研究进一步表明认知冲突与
决策质量之间呈现出一种倒 U 型曲线的关系。[③] 沃尔（Wall）
和诺兰（Nolan）（1986）以及平克利（Pinkley）（1990）将冲
突划分为任务冲突和关系冲突，这两种冲突分别以任务为中心
和人为中心。[④⑤] 组织成员对于任务存在不同的理解和认识，这
其中的差异所引发的冲突被称之为任务冲突。组织成员之间存
在个性、价值观等方面的差异，这些差异所引发的成员之间的
敌对、抵触、紧张和愤怒等负面情绪对应的冲突被称之为关系
冲突。事实上，分别以人和事为关注对象时，会使所研究的冲
突对象也有所不同，在此基础上对冲突进行分类，就可以将其
分为任务冲突和关系冲突两类。

① Cosier R, Rose G. Cognitive Conflict and Goal Conflict Effects on Task Performance. Organizational Behavior and Human Performance, 1977, 19: pp. 378 – 391.

② Priem R, Price K. Process and Outcome Expectations for the Dialectical Inquiry, Devil's Advocacy, and Consensus Techniques of Strategic Decision Making. Group and Organization Studies, 1991, 16: pp. 206 – 225; Amason A C. Distinguishing the Effects of Functional and Dysfunctional Conflict on Strategic decision making: Resolving a Paradox for Top Management Teams. Academy of Management Journal, 1996, 39: pp. 123 – 148.

③ Satyanarayana P, Robert S D. Is Too Much Cognitive Conflict in Strategic Decision – making Teams Too Bad? International Journal of Conflict Management, 2011, 22 (4): pp. 342 – 357.

④ Wall V, Nolan L. Perceptions of Inequality, Satisfaction, and Conflict in Task Oriented Groups. Human Relations, 1986, 39: pp. 1033 – 1052.

⑤ Pinkley R L. Dimensions of Conflict Frame: Disputant Interpretations of Conflict. Journal of Applied Psychology, 1990, 75 (2): pp. 117 – 126.

（3）根据性质和效应划分。在詹姆森（Jameson）（1999）所作的研究中，冲突被划分为正式冲突和非正式冲突两类。[①]如果某种冲突违反了国家的法律、政策，需要启动司法程序来解决，或者冲突违背了冲突主体所在组织的规章制度，需要启动组织的冲突管理程序来解决，那么这种冲突就被称为正式冲突。组织成员对完成任务的方式、资源分配、工作流程等方面存在的不同认识所导致的冲突被称为非正式冲突。多伊奇（Deutsch）（1973）认为冲突是阻止冲突主体实现己方目标的冲突主体间的不兼容行为。[②] 无论在合作还是竞争的情形下，主体间的不兼容行为都有可能存在，冲突主体的期望、互动和行为结果会受到他们对合作目标与竞争目标不同认知的影响，在此基础上，冲突可以被分为合作型冲突与竞争性冲突。[③]

乔斯佛德（Tjosvold）（1988）的研究结果表明，对于合作型冲突而言，其所涉及的冲突主体间虽然存在不相容行为，但由于冲突主体同时也具有共同性质的目标，因此他们会认为自己的目标会随对方目标的实现而实现，在这种情形下，在冲突双方出现分歧时，会把分歧所对应的冲突视作解决问题的共同途径，积极地寻找具有双赢性质的冲突解决方案，同时双方的合作关系也由此得到加强。[④] 相反，在竞争型冲突中，冲突主

---

① Jameson J K. *Toward a Comprehensive Model for the Assessment and Management of Intraorganizational Conflict: Developing the Framework. The International Journal of Conflict Management*，1999，10（3）：pp. 268 – 294.

② Deutsch M. The Resolution of Conflict: *Constructive and Destructive Processes.* US: Yale University Press，1973.

③ Deutsch M. *Constructive Conflict Management for the World Today. The International Journal of Conflict Management*，1994，5（2）：pp. 111 – 129.

④ Tjosvold D. *Putting Conflict to Work. Training and Development Journal*，1988，12：pp. 61 – 64.

体间存在一种非此即彼的关系，即双方中只能有一方从中获益，难以形成双赢的局面，在这种情形下，冲突双方互不信任，产生敌对情绪，无法进行有效的沟通与交流。

冲突也存在正面效应。科塞（Lewis A. Coser）指出，冲突虽然不利于社会稳定，但其对社会发展也具有推动作用。[①] 在科塞（Lewis A. Coser）提出的安全阀理论中，合理合法的冲突解决机制可以为社会中的不满情绪提供释放途径，从而化解积怨，进而缓解冲突主体间的敌对情绪，以实现对冲突的缓解或消除，也就是说，更为激烈和严重的冲突可以通过相对缓和的适度冲突得以避免。[②] 任何组织中都存在不同程度的矛盾，组织同时需要和谐与不和谐、合作与对抗。冲突同时具有消极与积极两面性，这一点已被研究者通过实证研究所证明。[③][④][⑤] 一方面，冲突会对组织产生不同程度的负面影响，浪费组织成员的时间和精力，增加组织目标实现的难度；另一方面，冲突也有利于发现组织中存在的问题，促进组织的变革与创新，同时也能增加组织成员的认同感，并在此基础上建立更紧密和谐的合作关系。

（4）根据规模划分。鲁维奇（Lewicki）和谢泼德（Shcppard）（1985）的研究表明，冲突管理策略的选择会受到冲突规

[①]　Coser L A. *Functions of Social Conflict. US：Simon and Schuster*，1957.

[②]　陈成文、高妮妮：《从科塞的冲突理论看我国社会建设》，《社会科学论坛：学术研究卷》2009 年第 4 期，第 46—50 页。

[③]　Pelz D C，Andrews W P. *Scientists in Organizations：Productive Climates for Research and Developmeng.* New York：Wiley，1966.

[④]　Cohen M D. Conflict and Complexity：*Goal Diversity and Organizational Search Effectiveness. The American Political Science Review*，1984，78（2）：pp. 436 –451.

[⑤]　Schweiger D，Sandberg W，Rechner P. *Expericntial Effects of Dialectical Inquiry，Devil's Advocacy，and Consensus Approaches to Strategic Decision Making. Academy of Management Journal*，1989，32：pp. 745 –772.

模以及冲突影响范围等因素的影响。① 按照规模可以将冲突划分为局部冲突和全局冲突。局部冲突规模相对较小，影响范围小，只涉及组织中的较少数个体，因此解决较为容易。全局冲突是局部冲突升级的结果，当局部冲突未能得到有效解决时，冲突的激烈程度会进一步加剧，影响范围增大，涉及到的个体也随之增多，相关的利益纠纷也变得更为复杂，此时冲突解决难度变大，解决周期也变得更长。在全局冲突出现之后，如果不能对其作出及时有效的处理，则会对组织的正常运转造成负面影响。

（5）根据关系来划分。莫里尔（Morrill）（1991）指出，组织成员之间的依赖程度越高，对应的就会产生更多的冲突，反之则冲突越少。② 与高依赖程度所对应的冲突一般需要正式冲突处理流程和规范来解决和处理，这种冲突对个人和组织的影响相对较大。同时，组织成员之间的相互信任程度也会对冲突的激烈程度和解决方法产生一定影响。某一组织成员越信赖组织中的其他成员，则越倾向于表达自己的不满和异议。③ 组织成员的这种沟通交流方式能够减弱冲突的强度，降低冲突的破坏性。同时，冲突所涉及的主体越多，冲突就越复杂，越难以协调冲突中的各种利益关系，解决冲突的难度也越大。

（6）根据空间来划分。可以根据冲突主体的多样性以及主

---

① Lewicki R J, Sheppard B H. *Choosing How to Intervene*：*Factors Affecting the Use of Process and Outcome Control in Third Party Dispute Resolution. Journal of Occupational Behaviour*，1985，6：pp. 49 – 64.

② Morrill C. *The Customs of Conflict Management among Corporate Executives. American Anthropologist*，1991，93：pp. 871 – 893.

③ Gordon M E, Fryxell G E. *Justice in the Workplace*：*Approaching Fairness in Human Resource Management. London*：*Psychology Press*，1993，pp. 231 – 255.

体间的相互关联将冲突在不同的维度上进行划分。① 此时可以将冲突划分为垂直冲突和水平冲突，前者也可称为纵向冲突或地位不平等的冲突，后者也可称为横向冲突或地位平等的冲突。垂直冲突主要发生在上级和下级之间，冲突主体之间存在权力和地位上的差异。水平冲突发生在同级的组织成员之间，冲突主体之间在权力和地位上是平等的。垂直冲突和水平冲突通常对应于不同的冲突处理方式，同时产生的后果也有所不同。

（7）根据时间来划分。根据时间可以将冲突划分为持续冲突和间断冲突，后者也称为非持续冲突。持续冲突是组织中冲突主体间长期持续存在的不满情绪和对抗行为，持续冲突中涉及的冲突主体通常具有易报复的心理和行为特征。② 间断冲突是指那些只在冲突主体间出现争执和矛盾时出现的冲突行为，但当争执和矛盾得以解决之后，对应的冲突也随之消失。间断冲突通常以事件而不是个人为针对目标，间断冲突被解决后，相关的敌对情绪和对抗行为不会被带入到冲突主体后续的交互过程中，因此间断冲突不是长期持续的。

3. 冲突管理方法

（1）冲突的过程

矛盾或争议的产生、发展、变化是一种动态的过程，而这过程则可以被视作冲突。对冲突过程进行研究也就是分析冲突的演进过程，同时也包括分析不同冲突之间的关系。对冲突的过程进行分析与把握，是进行冲突诊断与管理的基础与开

---

① 马新建：《冲突管理：一般理论命题的理性思考》，《东南大学学报》2007 年第 3 期，第 62—67 页。

② 陈云：《企业高层管理团队冲突研究》，学位论文，武汉理工大学 2008 年。

端。庞迪（Pondy）（1967）首先提出了一个五阶段的冲突过程模型，此后的相关研究也多在庞迪（Pondy）构建的理论框架下展开，所研究内容也多在庞迪（Pondy）所界定的范围之内。庞迪（Pondy）指出，冲突由一系列事件所组成，这些事件并非彼此独立，而是互相关联，冲突可以分为五个阶段：潜在冲突阶段、知觉冲突阶段、感觉冲突阶段、显现冲突阶段以及结果冲突阶段。潜在冲突阶段对应于潜在的分歧或矛盾，知觉冲突阶段对应于冲突的认知和诠释，感觉冲突阶段对应于对冲突的感知，显现冲突阶段对应于冲突主体的行为阶段，而结果冲突阶段则对应于冲突的结果以及冲突的最后影响与效应。从庞迪（Pondy）的五阶段冲突模型来看，冲突的发展过程是不同形态冲突的发展、演变和反馈的过程，同时这一过程将不断的循序渐进和反复循环。① 如图1—2所示。

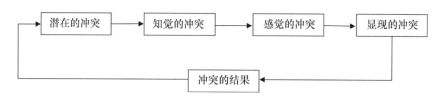

图1—2　庞迪（Pondy）的冲突五阶段模式的演变过程

在庞迪（Pondy）研究的基础上，托马斯（Thomas）进一步提出了冲突的结构模型和冲突的过程模型。托马斯（Thomas）的冲突结构模型从冲突结构和情境两个角度来把握完整的冲突事件，这一模型首先界定冲突的情境，进而描述所界定的情境如何形成冲突、影响冲突行为和冲突结果。冲突过程模型

---

① 马新建：《冲突管理：基本理念与思维方法的研究》，《大连理工大学学报（社会科学版）》2002年第3期，第19—25页。

则从过程分析的角度来认识相关的冲突问题，其所关注的是整个冲突动态发展过程中的某些特定连锁事件。托马斯（Thomas）提出的冲突结构模型和冲突过程模型将冲突的演进分为四个阶段，分别是挫折期、认知期、行为期和结果期。在挫折期，冲突的一方意识到冲突的另一方会对自己关注的事物造成不利影响；在认知期，冲突主体将感知到具体冲突的存在；在行为期，冲突中的各方会采取各类相应的措施或行为来应对冲突；各冲突主体所采取的各类不同行为所产生的结果则对应于冲突的结果期。①

根据托马斯（Thomas）的冲突过程模型，冲突的结果可能会产生后续影响，如果冲突处理不当，则可能会产生新的冲突循环过程。

在托马斯（Thomas）之后，罗宾斯（Robbins）（1992）进一步将冲突过程划分为五个阶段：② 潜在的对立阶段、认知及个性化阶段、冲突的意图阶段、冲突的行为阶段以及冲突的结果阶段。与之前的研究相比，罗宾斯（Robbins）提出的冲突过程模型相对更为详细和具体。根据罗宾斯（Robbins）的研究，冲突来源包括三个因素：沟通、结构以及个人特质。罗宾斯（Robbins）提出的这三个冲突来源因素也成为后续研究者研究冲突成因的基本理论框架和研究模式。同时，罗宾斯的冲突过程模型中也体现了处理冲突的几种模式，包括竞争、合作、迁就、回避以及妥协。此

---

① Thomas J B, Roger J V. *Understanding and Managing Interpersonal Conflict at Work：its Issue, Interactive Processes and Consequences. California Management Reivew*, 1989, 21：pp. 91 - 95.

② Robbins S P. *Essentials of Organizational Behavior.* 11*th Edition.* US：Prentice Hall, 2011.

外罗宾斯（Robbins）也指出冲突的结果具有双重效应，这种双重效应包括积极和消极两个方面的影响，其中积极的影响有助于提高组织和团体的绩效，而消极的影响则会降低组织和团体的绩效。

（2）冲突管理方式

多数学者都以二维模型的形式对冲突管理进行研究，其结果也得到普遍的证实和认可。布莱克（Blake）和穆顿（Mouton）提出了一个二维冲突管理模型，这一模型的纵坐标被定义为"关注结果的产生"，横坐标被定义为"关心人"，在这两个维度的基础上，可以引申出五种典型的冲突管理方式，即强迫、退避、安抚、妥协以及问题解决。① 在此基础上，托马斯（Thomas）（1977）又提出了冲突管理的五因素策略模型，这一模型得到了后续研究者的普遍认同。托马斯（Thomas）提出的五因素模型中，横坐标对应于"关注他人利益"，纵坐标为"关注自己的利益"。追求个人目标时的武断程度决定了对自己利益的关注，而与他人的合作程度则决定了对他人利益的关注。进一步的研究表明，对不同利益的关注程度也会受到不同文化背景的影响。② 在提出五因素模型的同时，托马斯（Thomas）又给出了相对应的五种冲突处理策略，分别为回避、竞争、忍让、合作及妥协。如图1—3所示。③

① Blake，R R，Mouton J S. *The Managerial Grid.* Houston：Gulf Publishing Co.，1964.

② Komarraju M，Dollinger S J，Lovell L L. *Individualism－collectivism in Horizontal and Vertical Directions as Predictors of Conflict Management Styles. International Journal of Conflict Management*，2008，19（1）：pp. 20－35.

③ Thomas K W. Pondy L R. Toward an "Intent" Model of Conflict Management Among Principal Parties. Human Relations，1977，130：pp. 1089－1102.

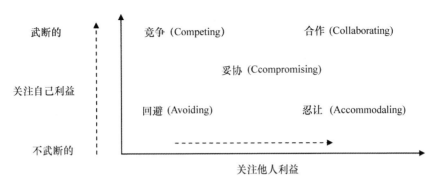

图1—3 托马斯冲突处理策略模式

继托马斯（Thomas）之后，伦威克（Renwick）（1975）、①
拉希姆（Rahim）（1983）、② 沃尔（Wall）和卡利斯特（Cal-
lister）（1995）③ 等人对冲突管理的二维模型进行了进一步的研
究。具体内容如表1—1所示。

表1—1　　　　　　　冲突管理方式二维模型的总结

代表学者	布莱克和穆顿（Blake 和 Mouton）（1964）	托马斯（Thomas）（1977）	伦威克（Renwick）（1975）	拉希姆（Rahim）（1983）
横坐标	关心人（Concern for People）	满足自己（Satisfy own Concern）	关心个人的目标（Concern for Personal goals）	关心自己（Concern for Self）
纵坐标	关心生产（Concern for Production）	满足他人（Satisfy other's Concern）	关心人际关系（Concern for Relationships）	关心他人（Concern for Others）

① Renwick P A. *Perception and Management of Superior - subordinate Conflict. Organizational Be-
havior and Human Performance*，1975，13：pp. 444 - 456.

② Rahim M A. *Rahim Organizational Conflict Inventories：Professinal Manual*. New York：Consult-
ing Psychologists Press，1983.

③ Wall J A，Callister R R. *Conflict and its Management. Journal of Management*，1995，21
（3）：pp. 515 - 558.

续表

代表学者	布莱克和穆顿 （Blake 和 Mouton） （1964）	托马斯 （Thomas） （1977）	伦威克 （Renwick） （1975）	拉希姆 （Rahim） （1983）
冲突管理方式	强制 （Forcing） 问题解决 （Problem – solving） 迁就 （Smoothing） 逃避 （Withdrawing） 妥协 （Compromising）	竞争 （Competing） 合作 （Collaborating） 忍让 （Accommodating） 回避 （Avoiding） 妥协 （Compromising）	强制 （Forcing） 对抗 （Confronting） 迁就 （Smoothing） 逃避 （Withdrawing） 妥协 （Compromising）	控制 （Dominating） 整合 （Integrating） 顺从 （Obliging） 回避 （Avoiding） 妥协 （Compromising）

　　总体而言，二维模型仍是冲突管理模型研究的主要框架和范式，已有关于冲突管理的研究多延续了二维模式。事实上，除了已有二维模型中的两个维度，还可以在冲突管理模型中加入其他维度，如关注团队利益、关心组织利益等，进而实现将已有二维模型扩展成三维或更高维度的冲突管理模型。[①]

　　为了更好地研究冲突管理方式，研究者们设计多种类型的冲突管理方式量表，其中比较有代表性的包括托马斯（Thomas）和基尔曼（Kilman）于 1974 年提出的托马斯—基尔曼（Thomas—Kilman）冲突管理量表（简称 MODE），[②] 拉希姆（Rahim）于 1983 年提出的组织冲突管理清单（简称 ROCI—Ⅱ），[③] 以及伦威克（Renwick）于 1975 年提出的员工冲突量表

---

　　① 刘新：《企业组织冲突管理研究——以石油企业为例》，学位论文，中国地质大学（北京）2010 年。

　　② Thomas K W, Kilman R H. *Thomas—Kilman Conflict Mode Instrument*. NY：Xicom Inc. , 1974.

　　③ Rahim M A. *A Measure of Styles of Handling Interpersonal Conflict. Academy of Management Journal*, 1983, 26：pp. 368 – 376.

（简称 ECI）。① 已有的大量实证研究表明上述三个冲突管理量表是较为成熟可靠的，因而这三个量表已成为相关研究中使用较多的冲突管理方式测量工具。

（3）引入第三方

冲突主体双方是冲突管理方式研究的焦点之一，但当冲突双方无法自行调和冲突时，就需引入第三方，并在第三方的协助下通过调节、仲裁等方式解决冲突。调节是指在保证冲突双方颜面的前提下，由第三方寻找一种能够被冲突双方同时认可的冲突解决方案。② 仲裁则是指由冲突双方都认可的第三方作出具有法律效率的裁决以解决冲突。这其中的第三方可以按照法律程序指派，同时也可由冲突双方选定，第三方的形式可以为个体或组织。在冲突管理过程中，第三方可以营造出良好的氛围，增强冲突双方的沟通效率。多伊奇（Deutsch）指出，不应将第三方仅仅定位成快速解决冲突的角色，而应将其视作是能够帮助冲突双方有效沟通，并进一步帮助冲突双方建立起一种合作型的解决问题的态度，在此基础上才能实现对冲突的有效处理。在处理冲突的全过程中，第三方的加入可以在一定程度上缓解冲突双方的紧张和威胁状态，调动冲突双方的积极性，进而将精力集中于需要解决的核心问题之上，最终形成冲突解决的双赢局面。因此，在冲突处理过程中第三方的介入有利于形成均衡状态，在这种均衡状态下，冲突双方的利益都能得到保障，同时双方的满意度也会得以增加。③ 总之，在冲突

---

① Renwick P A. *Perception and Management of Superior – subordinate Conflict. Organizational Behavior and Human Performance*, 1975, 13: pp. 444 – 456.

② Rubin J Z. *Models of Conflict Management. Journal of Social Issues*, 1994, 50: pp. 33 – 45.

③ Davidson J A, Versluys M. Conflict Resolution Training Within a Schools Setting. Australia Educational Departmental Psychologist, 2000, 17: pp. 117 – 134.

双方难以自行协商解决冲突时，第三方的介入是必要、可行的，而且也是有效的。

虽然第三方的介入是解决冲突的一种有效方法，但这一方法也存在一定的不足之处，例如第三方的介入会使冲突处理周期延长，也可能在冲突的处理过程中引入第三方的相关利益和判断。普特曼（Putman）和威尔森（Wilson）指出，没有哪一种模式或方法对于所有冲突的解决来说都是最有效的，[①] 对于不同类型的冲突成因、类型、情境及影响，需要采取不同的冲突管理方法，同时在方法的强度上也要有所差别。在实践中，就意味着管理者要根据不同的冲突情境采用不同的冲突管理方法。与此同时，在冲突管理过程中无论是否需要第三方介入，管理者都应重点关注冲突主体的行为意向以及冲突主体在冲突过程中的实际行为等方面，认真对待相应的冲突管理规律、应对策略以及冲突管理方法和技巧。

4. 冲突效应

（1）组织绩效内涵。组织冲突会对组织成员造成不同形式的影响，例如组织冲突会使组织成员紧张、焦虑并降低其满意度等。国外关于组织冲突影响的研究多以组织绩效为切入点来分析组织冲突的影响或效应。万卡特拉曼（Venkatraman）等人（1986）指出组织绩效应包括财务绩效、经营绩效以及组织效果三个方面。其中财务绩效主要通过投资报酬率、利润率、销售增长率等指标进行衡量。经营绩效则涉及产品创新、市场占有率以及产品良品率等非财务指标。而组织效果则包括那些与

---

① Putman L L. Wilson C E. *Communication Yearbook* 6. *California*：*Sage Publication*，1982：pp. 629–652.

组织中个体相关的非财务性指标，例如员工满意度等。①

（2）三种观点。在已有的研究中，关于冲突对组织和群体绩效影响的相关观点主要包括三类。② 第一类观点即 20 世纪30—40 年代出现的传统冲突观点，这类观点主要认为冲突与暴乱、破坏等行为具有同等含义，发生冲突则表明群体内出现功能失调，因此必须避免冲突的发生，目前仍有学者对这一观点持不同程度的认可态度。第二类观点即人际关系观点。20 世纪40—70 年代期间，研究者发现群体内的冲突难以避免，但群体内冲突也可能对群体的工作绩效产生积极的影响，因此对冲突应当持接纳的态度。第三类观点即相互作用观点。这一观点产生于 20 世纪 70 年代，此时更多的学者认为维持在一定水平的冲突有助于群体保持良好的运转状态并且能够持续创新，进而冲突应该得到鼓励。相互作用的观点并未忽视组织冲突所造成的消极影响，而是着重于强调应该从正反两个方面客观地看待冲突，在此基础上对冲突进行主动管理，目前相互作用观点已得到大多数冲突研究人员较为广泛的认同。③

（3）两种研究思路。从已有的研究来看，相互作用观点主要包括两种研究思路：第一种是信息处理法。这一方法受到"耶克斯—杜德逊（Yerkes—Dodson）"定律以及任务绩效与压力水平间关系的影响，认为解决问题能力、创造性思维以及认知适应性之间的关系是倒"U"形的。④ 沃尔顿（Walton）

① Venkatraman N, Ramanujam V. *Measurement of Business Performance in Strategy Research*: *A Comparison of Approaches. Academy of Management Review*, 1986, 11（4）: pp. 801 – 814.

② Robbins S P. *Essentials of Organizational Behavior. 11th Edition.* US: Prentice Hall, 2011.

③ 刘炜:《企业内部冲突管理研究》，经济管理出版社 2010 年版。

④ Carsten K W, De Dreu, *Bianca B. Conflict in Organizaitons*: *Beyond Effectiveness and performance. European Journal of Work and Organization Psychology*, 2005, 14（2）: pp. 105 – 117.

（1969）的研究表明，在冲突处在较低水平时，会使个体的思维活跃程度降低，同时遗漏重要信息，进而群体或组织的效率会随之降低。而当冲突处于过高水平时，则会降低个体的信息识别以及信息分析评价能力，也会使群体或组织的效率随之降低。只有在适度的冲突水平下，才会促使冲突主体去搜寻、整合和分析相关信息，并考虑多种解决方案，此时群体或组织的效率才会随之提高。耶恩（Jehn）（1995）的研究结果表明个人绩效同组织冲突之间也存在类似倒"U"形的关系，① 同时德勒（De Dreu）（2003）的研究也表明团队内部冲突与团队创新之间的关系也呈现出倒"U"的形态。② 第二种是冲突类型法。这一方法主要在区分任务冲突和情绪冲突的基础上对冲突与绩效间的关系进行研究，其基本观点是任务的完成会受到情绪冲突的影响，进而降低组织绩效和创新能力，同时任务冲突可以增强个体的信息处理能力，使其考虑问题更加全面，获得更多的问题解决方案。任务冲突可以避免组织成员陷入群体思维，进而使决策的质量有所提高，同时也会对个体的创新能力和团队绩效产生积极影响。实证研究已经证明了情绪冲突会产生负面影响这一假设，③④⑤ 尼萨（Nisha）（2008）的研究也表明，敌对、焦虑和恐惧等消极情绪会逐步扰乱个体的理智与思

---

① Jehn K A. *A multimethod Examination of the Benefits and Detriments of Intragroup Conflict. Administrative Science Quarterly*, 1995, 40（2）: pp. 256 – 282.

② De Dreu K W, Weingart L R. *Task Versus Relationship Conflict, Team Performance, and Team Member Satisfaction: A Meta – Analysis. Journal of Applied Psychology*, 2003, 88（4）: pp. 741 – 749.

③ Jehn K A. *A multimethod Examination of the Benefits and Detriments of Intragroup Conflict. Administrative Science Quarterly*, 1995, 40（2）: pp. 256 – 282.

④ De Dreu K W, Weingart L R. *Task Versus Relationship Conflict, Team Performance, and Team Member Satisfaction: A Meta – Analysis. Journal of Applied Psychology*, 2003, 88（4）: pp. 741 – 749.

⑤ Jehn K A. *A Qualitative Analysis of Conflict Types and Dimensions in Organizational Groups. Administrative Science Quarterly*, 1997, 42（3）: pp. 530 – 557.

维，引发矛盾和冲突，破坏人际关系，产生负面效应。[1] 但任务冲突会提高组织绩效的假设则缺乏实证研究的支持，为此研究者们开展了相关的情境模式研究，研究中涉及的情境因素包括团队任务、团队文化以及冲突管理策略等。[2]

（4）具体影响。冲突的具体影响主要体现在对组织中个体与群体的影响两个层次上。一是冲突对个体的影响可分为两个方面：一方面冲突会对个体的认知和情绪等心理因素产生负面的消极影响。冲突能够引发组织内个体的焦虑、紧张、愤怒等情绪，在这种情形下，会降低个体的工作积极性，使其工作绩效下降，同时降低个体的满意度。冲突的这方面影响会增加组织中的敌对情绪，加重对沟通过程中信息的扭曲和误解，降低组织成员之间的信任程度，并使组织中个体的态度变得更加消极。[3] 冲突还会在成员之间进一步引发各种敌对行为，包括回避、威胁、抗议、武力反抗等。[4] 此外，冲突还会降低组织成员的责任感、增加旷工并导致生产率降低。[5] 但另一方面，冲突对于个体也具有积极的影响，如果将冲突控制在适当水平上，会增加组织中个体的兴奋程度与积极性。[6] 二是在群体层次上，群体将会在与冲突相关的斗争中投入更多的时间和精

---

① Nisha N. *Towards Understanding the Role of Emotions in Conflict: a Review and Future Directions. International Journal of Conflict Management*, 2008, 19 (4): pp. 359 – 381.

② 刘炜：《企业内部冲突管理研究》，经济管理出版社 2010 年版。

③ Putnam L L, Folger J P. *Communication, Conflict, and Dispute resolution. Communication Research*, 1988, 15: pp. 349 – 359.

④ Sternberg R J, Dobson D M. *Resolving Interpersonal Conflicts: an Analysis of Stylistic Consistency. Journal of Personality and Social Psychology*, 1987, 52: pp. 794 – 812.

⑤ Lewin D. *Dispute Resolution in the Nonunion Firm: a Theoretical and Empirical Analysis. Journal of Conflict Resolution*, 1987, 31: pp. 465 – 502.

⑥ Filley A C. *Some Normative Issues In Conflict Management. California Management Review*, 1978, 21 (2): pp. 61 – 66.

力，从而争取在冲突中获胜，但也因此减少了在实现组织目标方面投入的时间和精力，从而降低组织中群体对组织目标的重视程度。[①] 同时，冲突还会使群体之间存在歧视和偏见，降低相互之间的理解程度，减少群体间的合作与交往，增加群体间协调的难度。更进一步地，群体层面的冲突还会增加冲突所涉及群体的内部凝聚力，使其领导的专制程度增加，导致群体难以依照合理的程序进行决策，使其陷入群体思维陷阱，进而导致决策失误。

（二）国内研究现状综述

从总体上看，我国组织冲突管理研究还处于起步阶段。在网上书库和电子期刊上可以查找到的文献不多，但这些作者无疑是公共组织冲突管理研究领域的开拓者。以公共组织冲突管理为研究对象的博士论文还没有出现，少有的几篇硕士论文和期刊论文没有进行实证研究。

1. 冲突形成的原因

邱益中在《企业组织冲突管理》一书中，对冲突形成原因进行了分析，表达出西方学者关于冲突成因分析在我国的普适性。与西方学者有所区别的观点主要有：

一是"边界"问题。社会冲突是各类冲突群体在利益、权力、权利和制度等边界空间中互为控制和影响的行为，越过临界区域外移，各种冲突因素难以保持共生状态，冲突由此发生。[②] 二是体制不完善。宋衍涛（2005）认为，任何公共体制

[①] Seiler J A. *Diagnosing Interdepartment Conflict. Harvard Business Review*，1963，41：pp. 121 – 132.

[②] 李琼：《冲突的构成及其边界》，学位论文，上海大学 2005 年。

内都存在职能失衡与利益冲突，行政冲突的客观存在性即是民主管理体制的核心所在，民主行政也正是建立在冲突基础之上的。① 行政职能错位、越位和缺位，权力制约机制软弱松散导致冲突。② 三是耗散结构的结果。行政组织未达到平衡状态时，其作为一种发展的耗散结构会导致冲突的发生，进而也会使行政组织不断发展与完善，但也可能导致行政组织失衡与消亡。③ 四是欲望和资源的差别。刘学（2008）认为，人的追求具有永恒无限性，满足人需求的资源却是有限的。人与人在实现自我价值的过程中，对各种有限资源的争夺就会导致矛盾与冲突发生。④

2. 冲突类型

由于作者的视角不同，划分冲突的种类也不同，主要有以下类型：

建设性冲突，破坏性冲突；认知冲突，情绪冲突；目标冲突，认知冲突，情感冲突，程序冲突，职能冲突；正式系统与非正式系统的冲突；个人与个人之间的冲突，群体与群体之间的冲突，个人与群体和组织之间的冲突，群体与组织之间的冲突。⑤

有益——实质性冲突，有害——实质性冲突，有益——情绪型冲突，有害——情绪型冲突。⑥

---

① 宋衍涛：《行政冲突的价值分析》，《公共管理学报》2005 年第 2 期。
② 潘小军：《我国行政组织冲突管理的辩证思考》，学位论文，四川师范大学 2007 年。
③ 韩平：《行政组织内部冲突的和谐管理》，学位论文，苏州大学 2006 年。
④ 刘学：《我国公共组织内部的冲突与管理论析》，学位论文，东北师范大学 2008 年。
⑤ 韩平：《行政组织内部冲突的和谐管理》，学位论文，苏州大学 2006 年。
⑥ 徐敏：《政府组织的冲突及化解》，学位论文，南京农业大学 2009 年。

内部成因冲突，外部成因冲突；显性冲突，隐性冲突。①

利益冲突，结构冲突，知识冲突，文化冲突。②

价值观冲突，职能冲突，正式组织与非正式组织的冲突，行政组织间或行政组织内的利益冲突，行政人员之间的人际冲突，行政人员自身的冲突。③

总之，对冲突类型的划分，从总体上看，还是对西方冲突理论的借鉴，因此，有似曾相识的感觉。

3. 冲突管理

我国学者大都对西方冲突管理理论表示认同，认为借鉴托马斯（Thomas）冲突处理五种策略：回避、竞争、忍让、合作、妥协，可以解决我国公共组织冲突管理问题，对引入"第三方"、冲突预防"安全阀"制度等问题表现出了借鉴兴趣。一些学者也对西方冲突管理理论进行改造，提出对公共组织冲突管理的方法。针对突发显性冲突，采取回避、协商、第三方调节、上级领导依组织法规裁定。④ 提出行政组织的具体管理方式为压制、调节、妥协、整合。⑤ 一些学者对冲突管理还进行了大胆构想：潘小军（2007）对我国行政冲突管理的原则、过程、对策、方式进行了阐述。⑥ 陈晓红等人（2009）的实证研究表明，采取合作型冲突管理行为的组织成员具有更高的工作满意度，创新绩效与合作型的冲突管理行为正相关，与回避

---

① 刘学：《我国公共组织内部的冲突与管理论析》，学位论文，东北师范大学 2008 年。

② 王实、顾新、杨立言：《知识链组织之间冲突类型分析与冲突管理策略探讨》，《软科学》2010 年第 12 期，第 48—51 页。

③ 潘小军：《我国行政组织冲突管理的辩证思考》，学位论文，四川师范大学 2007 年。

④ 刘学：《我国公共组织内部的冲突与管理论析》，学位论文，东北师范大学 2008 年。

⑤ 潘小军：《我国行政组织冲突管理的辩证思考》，学位论文，四川师范大学 2007 年。

⑥ 同上。

型的冲突管理行为负相关。[①]

4. 冲突效应

学者们都注意到冲突的"两重性"，既有破坏性的一面，也有建设性的一面，关键是在冲突管理中把握好"度"。潘小军（2007）把行政组织冲突消极性影响归结为影响组织形象、降低行政效率、压抑组织氛围、造成组织损失、破坏组织结构和秩序、恶化人际关系、加重相对人负担7个方面；把积极性影响归结为促进行政管理体制完善、建立新的和谐关系、宣泄行政人员的不满情绪、使问题明朗化以促进解决、使双方更好理解5个方面。[②]刘学（2008）提出树立正确的冲突认识观念，以建设性冲突促进组织变革的论点。[③]

（三）国内外研究现状述评

冲突作为一种社会现象无时不在、无处不有，因此，一直是政治学、经济学、社会学、心理学的研究对象。组织理论虽然没有忽视对冲突的研究，但与上述学科比较，其深度和广度还不可企及，组织理论的快速发展与组织冲突研究相对滞后形成较大的反差，在我国学术界尤其如此。通过对国内外公共组织冲突理论研究现状的叙述与评估，可以看出这一领域确实给我们留下了不小的研究空间。

1. 对冲突管理的类型划分仁者见仁、智者见智，缺少规律性的总结。研究者按照自己的理解，以自己的视角去划分冲突

---

① 陈晓红、赵可、陈建二：《员工冲突管理行为对工作满意度和创新绩效影响的实证研究》，《系统管理学报》2009年第2期，第211—215页。

② 潘小军：《我国行政组织冲突管理的辩证思考》，学位论文，四川师范大学2007年。

③ 刘学：《我国公共组织内部的冲突与管理论析》，学位论文，东北师范大学2008年。

类型，致使冲突的诊断和处理研究缺少针对性。

2. 对中国情境下的公共组织冲突管理的实证研究缺失。公共组织冲突管理研究寥若晨星，我国学者的一些学术观点还停留在"议论"层面，在学术观点向科学认知的转化过程中缺少实证支持。

3. 对公共组织冲突管理策略研究不够。或是引用托马斯等西方学者的冲突处理策略模型，或是停留在大而化之的概念，没有创造出系统的方法论，对冲突诊断、预警等前沿课题没有突破。

4. 对冲突管理效应问题研究没有破题。如果不考虑效应问题，冲突管理成败就失去了准则。在已有的文献中，还只限于冲突效应或积极或消极的判断，成本、效益及它们之间的关系问题没有涉猎，因此，对冲突管理如何控制显得无力。

第二章 公共组织冲突现状调研概述

一 研究思路与方法

（一）公共组织冲突演进机理架构

机理是指为实现某一特定的功能，一定的系统结构中各要素的内在工作方式以及诸要素在一定环境条件下相互联系、相互作用的运行规则和原理。公共组织冲突机理，是指冲突的各要素之间，在公共组织冲突内在结构中的运作方式，以及这些要素在一定环境条件下相互联系、相互作用的运行规则和原理。在这里，机理的核心点是公共组织冲突各要素之间如何相互联系、如何相互作用和有何种运作方式。

1. 公共组织冲突是冲突要素之间相互联系的产物，这些联系，使冲突成为一个动态的演进过程。各个冲突形态不是孤立存在的，一种形态与另一种形态之间，反映出紧密的依赖关系，在一定时间里、一定条件下，一种冲突形态会向另一种冲突形态转化，潜在的冲突会转化成萌芽的冲突，萌芽的冲突会转化成显现的冲突。人们看得见的冲突往往是显现的冲突，但是，显现的冲突不是突兀地冒出来，而是沿着特有的规律，一步一步地走到现实。即使是冲突各种形态的形成，也是各元素之间发生联系和演进的过程。潜在的冲突由冲突主动方行为目标确定、行为嵌入、冲突构件形成演进而来；萌芽的冲突由冲突被动方的知觉和感觉、紧张和焦虑情绪产生、理性判断、形成冲突回应意向演进而来；显现的冲突是由被动方启动应对行为寻求有利结果、冲突结果对被动方有利、主动方启动应对行为寻求有利结果、冲突结果对主动方有利、形成博弈循环演进而来。蕴涵在公共组织内部之间、公共组织与工作对象之间的冲突，由于其冲突形态之间、冲突形态内部之间有着紧密的内在的联系，才使冲突具有稳定的规律性，从而为冲突的诊断和处理创造了条件；又由于冲突形态之间、冲突形态内部之间联系的方式不同，冲突处理的方式不同，才使得冲突反映出相互区别的特殊性，从而让展现在人们面前的公共组织冲突变得千姿百态、扑朔迷离。

2. 公共组织冲突是要素之间相互作用的结果，各式各样的成因是冲突形成的决定性因素。站在组织行为学的角度去观察，公共组织的成因可以分为组织层面的成因、群体层面的成因、个体层面的成因、外部环境层面的成因。制度设计、权力结构、非正式组织政治化、领导者品格，与组织层面的成因相关；管辖权边界不清、群体核心人导向、群体与群体的竞争、群体成员的个性差异，与群体层面的成因相关；利益分配、职务晋升、人际沟通、自我冲突，与个体层面的成因相关；形成冲突的氛围、产生冲突的条件、传统文化的影响，与外部环境层面的成因相关。冲突成因诸因子与冲突之间，形成了一种变量间的关系，即自变量的变化影响着因变量的变化，冲突成因诸因子的任何一种变化，都会导致冲突的变化－－冲突或因此而产生，或因此而泯灭。

3. 冲突成因通过心理变化的传导，从而实现公共组织冲突的演进。无论是冲突的内部成因，还是冲突的外部成因，都不会直接导致冲突行为，必须借助于心理机制的传导从而产生客观的结果，导致冲突行为的发生，产生冲突效应。这是因为，心理变化是冲突成因与冲突行为之间的中介变量，没有这一中介变量的传导，成因只是单纯的成因，还不能与冲突行为发生内在的联系，只有心理机制的加入，冲突成因才会作用于冲突行为，导致冲突现象的发生。一般而言，在冲突成因导致心理变化，产生冲突行为的过程中，冲突管理者就要介入，对冲突进行诊断和处理，力求取得好的冲突管理效应。如果在心理机制传导中就采取正确的诊断和处理方法，则冲突产生的负效应会变小，冲突管理成本会降低，管理效益会增大。公共组织冲突演进机理架构如图 2—1 所示。

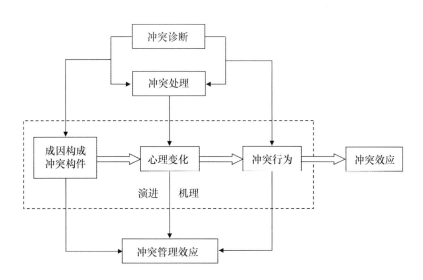

图2—1　公共组织冲突演进机理架构

（二）实证研究方法描述

实证研究是本书采用的一个重要研究方法。在借鉴国内外关于冲突相关理论的基础上，结合我国公共组织的特点，采用量表、单项选择方式设计调查问卷，通过信度和效度检验，运用收集到的数据，分析公共组织中冲突类型及其产生原因，验证性别、年龄、受教育程度、行政职务、所在组织性质以及所在组织机关的规模等因素对个人和部门冲突感知状况的影响，了解公共组织产生冲突后，采取何种方式处理冲突，并验证冲突管理效应与成本之间的关系。调研问卷的名称是"公共组织冲突管理调查问卷"，为作者自编问卷。2012 年 4 月，在我国中部、东部和西部的 4 个省、1 个少数民族自治区、1 个直辖市的公共组织中发放调查问卷，对公共组织冲突相关问题进行调查，经过汇总后，采用统计分析软件 SPSS 20 对调查问卷数据进行数据处理和统计分析。

二 调查问卷设计

调查问卷设计的基本目的是为了对研究内容的特质进行分析测量。为了保证此次调研结果能够满足研究目的需要，在设计问卷时，主要参考了李怀祖（2004）[①] 等人提出的调查问卷设计原则：

一是在问卷内容方面，坚持所有问题与研究内容和目的紧密相关，同时避免问题带有倾向性和诱导性，消除可能产生的暗示。

_____

① 李怀祖：《管理研究方法论》，西安交通大学出版社 2004 年版。

二是在问卷用词方面，使用易懂、简单的语言，充分考虑调查对象的接受能力和认知水平，尽量避免使用生硬、难懂的专业术语，语义准确，避免出现歧义，确保调查对象能够正确理解所提出的问题。

三是在问题排序方面，首先将此次调研的目的告知调查对象，明确问卷仅供研究之用，并承诺对问卷严格保密，打消其顾虑，同时将相同主题的内容放在同一个部分。

针对我国公共组织冲突研究的目的，并结合上述原则，将调查问卷设计成五个部分。

第一部分为公共组织的基本情况：主要了解调查对象的基本情况、所在组织是否存在冲突、冲突发生的频率、个人对冲突的态度、对公共组织中的冲突是否需要进行管理、是否需要激发一定程度的冲突等。

第二部分为冲突成因：主要了解组织层面的冲突产生原因、群体层面的冲突产生原因、个体层面的冲突产生原因以及环境从哪些方面对组织冲突产生影响等。

第三部分为冲突类型的划分：主要了解按冲突的从属关系、冲突的体制状态、冲突的工作流程、冲突的主体、冲突的内容、冲突的性质与效应、冲突的规模、冲突的关系、冲突的空间、冲突的时间等对冲突进行分类的认同度，以及各种类型冲突的共同阶段特点。

第四部分为冲突诊断和处理方法：主要了解公共组织成员认知冲突的方式、在冲突各阶段处理冲突的方法等。

第五部分为冲突管理效应和成本：主要了解调查对象对冲突管理效应的认知、对冲突管理效应类型的认知以及对冲突管理成本与效益的认知。

三　数据收集

设计出调查问卷后，笔者与老师和同事进行讨论和完善，并进行了问卷测试，经多次修改形成最终的调查问卷。为了保证问卷调查符合研究的需求，在发放调查问卷之前，对调查对象、调查范围、回收问卷的方式进行了确定。

（一）调查对象。笔者选择了我国中部、东部、西部6个省（自治区、直辖市）区域内的党委、人大、政府、政协、群团和检法等公共组织成员作为调查对象，调查对象涵盖了本书所界定的所有公共组织，与此同时，还对非公共组织成员进行了少量抽样调查。调查对象的行政级别包括厅级、处级及一般工作人员，分布均匀，保证收集数据的准确、客观、有针对性。

（二）样本数量。对于选择样本的数量，学者们目前还没有一个统一的意见。安德森（Anderson）和戈宾（Gerbing）（1988）认为100—150是满足样本量的最低要求。[①] 哈尔（Hair）（1998）等人认为样本数量最少要大于100。[②] 罗斯科（Roscoe）（1975）认为大于30小于500的样本量适用于大多数的研究。[③] 从符合规范性要求出发，本研究共发放问卷385份，基本符合统计分析的要求。

（三）问卷发放及回收。本研究得到了6省（自治区、直

[①] Anderson J C. Gerbing D W. *The Effect of Sampling Error on Convergence*, *Improper Solutions*, *and Goodness - of - fit Indices for Maximum Likelihood Confirmatory Factor Analysis. Psychometrika*, 1984, 49（2）: pp. 155 - 173.

[②] Hair J, Anderson R, Tatham R, et al. *Multivariate Data Analysis.* US: Prentice - Hall, 1998.

[③] Roscoe J T. *Fundamental Research Statistics for the Behavior Sciences.* New York: Holt, Rinehart and Winston, 1975.

辖市）有关单位的大力支持，问卷主要在 6 省（自治区、直辖市）的党委、人大、政府、政协、群团和检法等公共组织成员中发放，另外还在非公共组织成员中发放问卷 4 份，共回收问卷 385 份，其中有效问卷 364 份，有效问卷回收率为 94.5%。每个省（自治区、直辖市）大体上有效问卷为 60 份，这种平均的问卷分布，是为了保证统计数据的均衡性和客观性。答卷主体以 6 个省（自治区、直辖市）党校的处级以上学员为主。为了保证问卷质量，笔者派出代表分别到答卷现场对答卷人提出一致的、确定的要求。答卷在封闭的场所进行，以防止环境污染。

四 信度和效度检验

（一）信度分析

问卷评估结果的前后一致性程度称为问卷信度，即对评估数据可信赖的程度，信度的高低反映了测试结果能否体现出稳定的一致性特征。合理有效的量表可以得出稳定可靠的结果，通过多次的反复测量后，应该得出一致的结果。在实际测量中，可以根据已有样本数据得到信度的估计值。一般采用同质性信度作为信度的估计方法。同质性信度也称为内部一致性，指的是测验内部所有项目间的一致性程度。常使用克伦巴赫 α 系数（Cronbach's Alpha）对同质性信度进行计算，其计算公式如下：

$$\alpha = \frac{K}{K-1}\left(1 - \frac{\sum S_i^2}{S_x^2}\right) \qquad (2-1)$$

式中 K 为问卷的题目数；

S_i^2 为第 i 题得分的方差；

S_x^2 为问卷全部题目总得分的方差。

采用 Cronbach's Alpha 系数对本次调查问卷的各项内容进行信度分析，结果见表 2—1。

问卷数据经 SPSS 分析得出"冲突的分类"的 Cronbach's Alpha 系数为 0.949；　"组织层面冲突产生的原因"的 Cronbach's Alpha 系数为 0.854，"群体层面冲突产生的原因"的 Cronbach's Alpha 系数为 0.814；"个体层面冲突产生的原因"的 Cronbach's Alpha 系数为 0.855；"环境对组织冲突产生影响"的 Cronbach's Alpha 系数为 0.888；"冲突的诊断"的 Cronbach's Alpha 系数为 0.906；"作为公共组织领导者，处理冲突的方法"的 Cronbach's Alpha 系数为 0.945；"作为组织一员，处理冲突的方法"的 Cronbach's Alpha 系数为 0.725；"冲突管理的效应和成本"的 Cronbach's Alpha 系数为 0.937。上述所有信度系数均大于 0.7，说明其反映各相应因子的变量具有内在一致性，问卷调查结果具有良好的信度。

表 2—1　　　　　　　调查问卷中各项内容的信度分析

项目	项目数	Cronbach's Alpha
冲突的分类	41	0.949
组织层面冲突产生的原因	24	0.854
群体层面冲突产生的原因	9	0.814
个体层面冲突产生的原因	13	0.855
环境对组织冲突产生影响	16	0.888
冲突的诊断	14	0.906
作为公共组织领导者，处理冲突的方法	40	0.945
作为组织一员，处理冲突的方法	10	0.725
冲突管理的效应和成本	35	0.937

（二）效度分析

问卷效度即问卷的有效性，主要反映对所测量事物的测量准确程度。效度越高，则说明测量结果越能反映所测量对象的真实本质。效度进一步可以分为内容效度和结构效度。

内容效度又称逻辑效度或表面效度，主要指问卷中的题目能否反映所要测量的内容或主题。一般采用逻辑分析的方法对内容效度进行评价，在逻辑分析过程中一般由研究者或专家对所设计的题目从实际的、直观的角度进行分析，以判断其是否符合测量的目的和要求。本书所采用的问卷在设计时参考了国内外的相关研究成果，重要的是，作者作为问卷的设计者，长期从事公共组织冲突管理活动，具有丰富的冲突管理经验，同时参与问卷分析讨论的老师和其他人员具有较深的理论研究基础，以此为基础，可以保证所设计问卷具有合乎要求的内容效度。

结构效度是指测量结果体现出来的某种结构与测值之间的对应程度。结构效度分析所采用的方法是因子分析，通过 KMO（kaiser—Meyer—Olkin）检验和 Bartlett 球形检验可以考察问卷是否能够测量出研究者设计问卷时假设的某种结构。KMO 值越大时，表示各变量之间的共同因素越多，证明各变量之间有共同的因素存在。同时，Bartlett 检验对应的 P 值若小于 0.05，则说明各变量之间有共同的因素存在。通过上述 KMO 检验和 Bartlett 球形检验可以分析问卷所采用的因素指标是否合理，从而检验调查问卷中各因素是否符合信度和效度的标准和要求。

对问卷数据进行 KMO 和 Bartlett 检验，具体的检验结果见表 2—2。

表2—2   调查问卷中各项内容的效度分析

调查问卷内容	KMO	Bartlett 检验卡方值（df 自由度）	检验 P 值
冲突的分类	0.926	10302.848（820）	0.000
组织层面冲突产生的原因	0.844	4242.992（276）	0.000
群体层面冲突产生的原因	0.787	1057.835（36）	0.000
个体层面冲突产生的原因	0.828	2082.754（78）	0.000
环境对组织冲突产生影响	0.870	2878.223（120）	0.000
冲突的诊断	0.889	2946.662（91）	0.000
作为公共组织领导者，处理冲突的方法	0.921	8525.690（780）	0.000
作为组织一员，处理冲突的方法	0.773	955.887（45）	0.000
冲突管理效应和成本	0.913	7369.994（595）	0.000

从表2—2中可以看出，"冲突的分类"的 KMO 值为 0.926，Bartlett 检验的 P 值为 0.000；"组织层面冲突产生的原因"的 KMO 值为 0.844，Bartlett 检验的 P 值为 0.000；"群体层面冲突产生的原因"的 KMO 值为 0.787，Bartlett 检验的 P 值为 0.000；"个体层面冲突产生的原因"的 KMO 值为 0.828，Bartlett 检验的 P 值为 0.000；"环境对组织冲突产生影响"的 KMO 值为 0.870，Bartlett 检验的 P 值为 0.000；"冲突的诊断"的 KMO 值为 0.889，Bartlett 检验的 P 值为 0.000；"作为公共组织领导者，处理冲突的方法"的 KMO 值为 0.921，Bartlett 检验的 P 值为 0.000；"作为组织一员，处理冲突的方法"的 KMO 值为 0.773，Bartlett 检验的 P 值为 0.000；"冲突管理的效应和成本"的 KMO 值为 0.913，Bartlett 检验的 P 值为 0.000。上述结果显示，调查内容的 Bartlett 检验结果的 P 值均小于 0.01，都具有良好的效度，表明问卷中各项问题的设计都是合理的。

五 问卷调查的基本情况

为了更好地了解调查对象的基本情况，首先对数据进行整体分析。下面就样本的性别、年龄、教育程度、行政职务、组织的性质、组织机关的规模进行描述。

（一）调查对象的性别分布。本次调查对象中男性占72.5%，女性占27.5%。

（二）调查对象的年龄分布。本次调查对象的年龄主要集中于41—50岁，占总调查人数的53%，31—40岁的占总调查人数的24.7%，51—60岁的占总调查人数的18.7%，具体分布如图2—2所示。

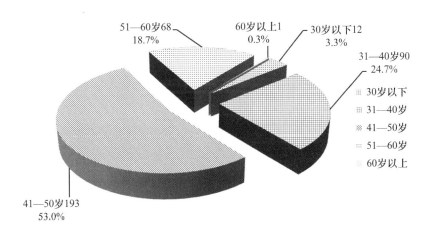

图2—2 调查对象年龄分布图

（三）调查对象的受教育程度分布。调查对象的受教育程度依次为本科占66.5%；硕士及以上占29.4%；大专占3.8%；高中占0.3%；高中以下没有，具体分布如图2—3所示。

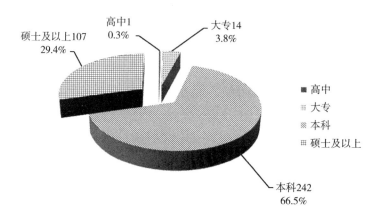

图 2—3   调查对象受教育程度分布图

（四）调查对象的行政职务分布情况。调查对象的行政职务处级干部占 64.6%，一般工作人员占 24.7%，厅级干部占 10.7%，具体分布情况如图 2—4 所示。

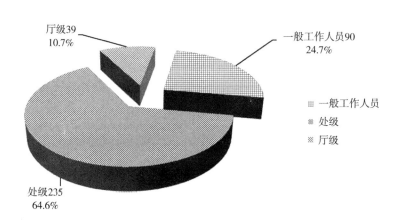

图 2—4   调查对象行政职务分布图

（五）调查对象所在组织的性质分布。调查对象所在组织的性质，政府占 29.7%，党委占 29.7%，人大占 10.1%，政协占 9.9%，群团占 9.6%，检法占 9.9%，非政府组织占

1.1%，具体分布情况如图 2—5 所示。

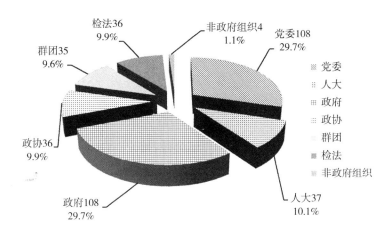

图 2—5　调查对象所在组织性质分布图

（六）调查对象所在组织机关的人数分布。调查对象所在组织成员人数"50 人以下"占 20.1%；"50—100 人"占 19.2%；"101—150 人"占 19%；"151—200 人"占 12.1%；"200 人以上"占 29.6%，具体分布情况如图 2—6 所示。

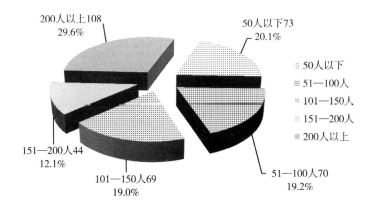

图 2—6　调查对象所在组织规模分布图

六 公共组织内部冲突存在性的认知情况

公共组织内部是否存在冲突，如果存在，冲突是长期存在还是偶尔发生，这是一个基本性问题，为了解公共组织成员对内部冲突存在性的看法，调查问卷专门设计问题，询问调查对象对"有人认为，组织内部冲突是客观存在，难以消除的"这一观点的看法，如表2—3和表2—4所示。调查对象"同意"或"比较同意"的占73.9%，"不清楚"的占7.4%，"不太同意"的占11.5%，只有7.2%的调查对象回答"不同意"，对此观点不认可。非公共组织成员回答"比较同意"和"同意"的达100%，也佐证了公共组织冲突具有普遍的认知性。这说明，在我国公共组织中，公共组织成员对公共组织冲突的存在性具有非常普遍的认同，可以验证公共组织冲突的客观存在是一种常态。

表2—3　　　　　　对公共组织内部冲突存在性的认知表

选项	人数	百分比（%）	累计百分比（%）
同意	138	37.9	37.9
比较同意	131	36.0	73.9
不清楚	27	7.4	81.3
不太同意	42	11.5	92.8
不同意	26	7.2	100
合计	364	100	

表2—4　　　　非公共组织对公共组织内部冲突存在性的认知表

选项	人数	百分比（%）	累计百分比（%）
同意	3	75	75
比较同意	1	25	100

选项	人数	百分比（%）	累计百分比（%）
不清楚			
不太同意			
不同意			
合计	4	100	

另外，对"在公共组织中是否存在适度冲突"选项，调查对象认为"存在"的占64.6%，认为"说不清"的占23.9%，只有11.5%的调查对象认为"不存在"。对"您处理冲突的时间占到了您工作时间的百分比"选项，有57.4%的调查对象认为冲突的时间占到了工作时间的5%以下，20.1%的调查对象认为占到5%—10%，10.2%的调查对象认为占到10%—15%，6.3%的调查对象认为占到15%—20%，6%调查对象认为占到20%以上。对"在公共组织中，对冲突需不需要进行管理"选项，92.3%的调查对象认为需要管理。对"您对冲突的态度"选项，64.8%的调查对象认为冲突"有好处也有坏处，视具体情况而定"；25.5%的调查对象认为"没什么好处，害处挺大应尽力避免"；3.9%的调查对象认为"大有好处，应积极引导"；5.8%的调查对象"说不清"。

（一）公共组织内部个人冲突存在性的认知状况

对公共组织中个人冲突频率的测量，要求调查对象根据自己的真实感受判断，评估所在公共组织冲突发生的频率，问题选项包括：（1）一年都难得发生一次；（2）几个月才能发生一次；（3）一般每个月发生；（4）几乎每周发生；（5）几乎每天发生。

对个人冲突频率的认知，如表2—5和表2—6所示，认为"个人冲突频率几个月才能发生一次或更短"的占54.9%。这说明我国公共组织内部个人冲突发生的频率比较高。认为公共组织内部个人冲突"一年都难得发生一次"的占45.1%，"几个月才能发生一次"的占30.2%，"几乎每周发生"的占11.3%，分列前三位。调查结果显示分布态势不均衡。这说明，公共组织的成员对冲突的感受、冲突频率的认知是存在差异的，也说明，冲突的概念在公共组织中是一个比较敏感的话题，采取回避态度的比较普遍。

表2—5　　　　　　　　　个人冲突频率基本情况统计表

样本个数		有效个数（Valid）	364
		缺失个数（Missing）	0
均值（Mean）			1.8808
中位数（Median）			2
标准差（Std. Deviation）			1.1510
方差（Variance）			1.3247
最小值（Minimum）			1
最大值（Maximum）			5
百分位数（Percentiles）		25（下四分位数）	1
		50（中位数）	2
		75（上四分位数）	2

表2—6　　　　　　　　　个人冲突频率表

频率	人数	百分比	合计百分比	排序
几乎每天发生	13	3.5	3.5	5
几乎每周发生	41	11.3	14.8	3
一般每个月发生	36	9.9	24.7	4

频率	人数	百分比	合计百分比	排序
几个月才能发生一次	110	30.2	54.9	2
一年都难得发生一次	164	45.1	100	1
合计	364	100		

由于调查对象个体之间存在差异性，因此以下分别按照调查对象的性别、年龄、受教育程度、行政职务、所在组织性质以及所在组织机关的规模，对不同调查对象的个人冲突频率认知进行单因素方差分析，以研究调查对象基本情况对个人冲突认知的影响。在进行方差分析的过程中，当显著性水平大于0.05 时，则认为所研究的因素对调查对象个人冲突频率认知的影响无显著差异；而当显著性水平小于 0.05 时，则认为所研究的因素对调查对象个人冲突频率认知的影响存在显著差异。

1. 性别对个人冲突频率认知的方差分析。由表2—7 可以看出，方差分析 F 值的显著性为 Sig. = 0.218 > 0.05，此时可以认为以性别分组时，各个组间的均值不存在显著差异，即性别对于调查对象的个人冲突频率认知不存在影响。

表2—7　　　　　　　性别对个人冲突频率认知的方差分析表

		平方和 (Sum of Squares)	自由度 (Df)	均方和 (Mean Square)	F 值 (F)	检验 P 值 (Sig.)
1—9	组间 (Between Groups)	2.011	1	2.011	1.520	0.218
	组内 (Within Groups)	478.854	362	1.323		
	总计 (Total)	480.865	363			

2. 年龄对个人冲突频率认知的方差分析。由表2—8中可以看出，方差分析 F 值的显著性为 Sig. $= 0.395 > 0.05$，此时可以认为以年龄分组时，各个组间的均值不存在显著差异，即年龄对于调查对象的个人冲突频率认知不存在影响。

表2—8　　　　　年龄对个人冲突频率认知的方差分析表

		平方和 （Sum of Squares）	自由度 （Df）	均方和 （Mean Square）	F 值 （F）	检验 P 值 （Sig.）
1—9	组间 （Between Groups）	5.424	4	1.356	1.024	0.395
	组内 （Within Groups）	475.441	359	1.324		
	总计 （Total）	480.865	363			

3. 受教育程度对个人冲突频率认知的方差分析。由表2—9中可以看出，方差分析 F 值的显著性为 Sig. $= 0.105 > 0.05$，此时可以认为以受教育程度分组时，各个组间的均值不存在显著差异，即受教育程度对于调查对象的个人冲突频率认知不存在影响。

表2—9　　　　　受教育程度对个人冲突频率认知的方差分析表

		平方和 （Sum of Squares）	自由度 （Df）	均方和 （Mean Square）	F 值 （F）	检验 P 值 （Sig.）
1—9	组间 （Between Groups）	8.129	3	2.710	2.063	0.105
	组内 （Within Groups）	472.736	360	1.313		
	总计 （Total）	480.865	363			

4. 行政职务对个人冲突频率认知的方差分析。由表 2—10 中可以看出，方差分析 F 值的显著性为 Sig. = 0.017 < 0.05，此时可以认为以行政职务分组时，各个组间的均值存在显著差异，即行政职务对于调查对象的个人冲突频率认知存在影响。

表 2—10　　　　　行政职务对个人冲突频率认知的方差分析表

		平方和 (Sum of Squares)	自由度 (Df)	均方和 (Mean Square)	F 值 (F)	检验 P 值 (Sig.)
1—9	组间 (Between Groups)	10.667	2	5.333	4.095	0.017
	组内 (Within Groups)	470.198	361	1.302		
	总计 (Total)	480.865	363			

调查对象的行政职务差异对个人冲突频率认知的影响可以通过图 2—7 得以反映。图中横坐标 1、2、3 分别代表一般工作人员、处级、厅级；纵坐标是均值，均值越大，代表冲突发生的频率越高。从图中可以看出，随着行政职务级别的增高，对"您所在单位中个人冲突发生的频率是"这一问题的回答结果均值逐渐增大，即随着行政职务级别的增高，调查对象对于个人冲突频率认知的程度逐渐增加。从图中进一步可以看出，行政职务对于个人冲突频率认知的影响主要体现在一般工作人员与厅级或处级人员之间，而厅级和处级人员之间对冲突频率认知则不存在较大差异，因此可以认为，虽然行政职务对个人冲突频率认知存在影响，但这种影响在某种程度上讲是有限影响。

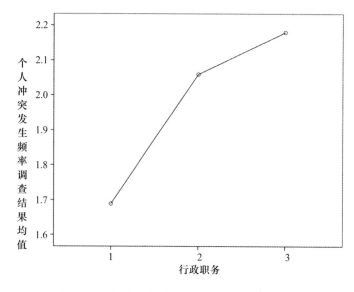

图2—7　行政职务对个人冲突频率认知的影响

5. 所在组织性质对个人冲突频率认知的方差分析。由表
2—11 中可以看出方差分析 F 值的显著性为 Sig. = 0.958 >
0.05，此时可以认为以所在组织性质分组时，各个组间的均值
不存在显著差异，即所在组织性质对于调查对象的个人冲突频
率认知不存在影响。

表2—11　　　所在组织性质对个人冲突频率认知的方差分析表

		平方和 （Sum of Squares）	自由度 （Df）	均方和 （Mean Square）	F 值 （F）	检验 P 值 （Sig.）
1—9	组间 （Between Groups）	2.033	6	0.339	0.253	0.958
	组内 （Within Groups）	478.832	357	1.341		
	总计 （Total）	480.865	363			

6. 所在公共组织规模对个人冲突频率认知的方差分析。由表 2—12 中可以看出，方差分析 F 值的显著性为 Sig. = 0.632 > 0.05，此时可以认为以所在组织规模分组时，各个组间的均值不存在显著差异，即所在公共组织规模对于调查对象的个人冲突频率认知不存在影响。

表 2—12　　所在公共组织规模对个人冲突频率认知的方差分析表

		平方和（Sum of Squares）	自由度（Df）	均方和（Mean Square）	F 值（F）	检验 P 值（Sig.）
1—9	组间（Between Groups）	3.422	4	0.856	0.643	0.632
	组内（Within Groups）	477.443	359	1.330		
	总计（Total）	480.865	363			

综上所述，通过调查对象的性别、年龄、受教育程度、行政职务、所在组织性质以及所在组织机关规模对个人冲突频率认知进行单因素方差分析，分析结果显示，性别、年龄、受教育程度、所在组织性质以及所在组织的规模对调查对象的个人冲突频率认知不存在影响；行政职务对于调查对象的个人冲突频率认知存在影响，即随着行政职务级别的增高，调查对象对于个人冲突频率认知的程度逐渐增加。

（二）公共组织内部部门冲突存在性的认知状况

对公共组织中部门冲突频率的测量，要求调查对象根据自己的真实感受判断，评估所在公共组织部门的冲突发生频率，问题选项包括：（1）一年都难得发生一次；（2）几个月才能发生一次；（3）一般每个月发生；（4）几乎每周发生；（5）几乎每天发生。

　　对部门冲突频率的认知情况进行统计，如表 2—13 和表 2—14 所示，认为公共组织内部部门冲突"一年都难得发生一次"的占 48.6%，"几个月才能发生一次"的占 27.5%，"一般每个月发生"的占 13.7%，占的比例比较高，分列前三位。认为部门冲突"几个月才能发生一次或更短"的占 51.4%，低于个人冲突频率的 54.9%，说明在我国公共组织中部门冲突的频率低于个人冲突发生的频率。

表 2—13　　　　　　　　　部门冲突频率基本情况统计表

样本个数	有效个数（Valid）	364
	缺失个数（Missing）	0
均值（Mean）		1.8846
中位数（Median）		4
标准差（Std. Deviation）		1.0822
方差（Variance）		1.1712
最小值（Minimum）		1
最大值（Maximum）		5
百分位数（Percentiles）	25（下四分位数）	1
	50（中位数）	2
	75（上四分位数）	2

表 2—14　　　　　　　　　　部门冲突频率表

频率	人数	百分比	合计百分比	排序
几乎每天发生	11	3.0	3.0	5
几乎每周发生	26	7.2	10.2	4
一般每个月发生	50	13.7	23.9	3

续表

频率	人数	百分比	合计百分比	排序
几个月才能发生一次	100	27.5	51.4	2
一年都难得发生一次	177	48.6	100	1
合计	364	100		

　　本研究中的各个调查对象之间存在差异性，因此以下分别按照调查对象的性别、年龄、受教育程度、行政职务、所在组织性质以及所在组织的规模，不同调查对象对公共组织中部门冲突频率认知进行单因素方差分析，以研究调查对象基本情况对公共组织中部门冲突认知的影响。在进行方差分析的过程中，当显著性水平大于 0.05 时，则认为所研究的因素对调查对象公共组织中部门冲突频率认知的影响无显著差异；而当显著性水平小于 0.05 时，则认为所研究的因素对调查对象公共组织中部门冲突频率认知的影响存在显著差异。

　　1. 性别对公共组织中部门冲突频率认知的方差分析。由表 2—15 中可以看出，方差分析 F 值的显著性为 Sig. $= 0.035 < 0.05$，此时可以认为以性别分组时，各个组间的均值存在显著差异，即性别对于调查对象的公共组织中部门冲突频率认知存在影响。

　　调查对象的性别差异对公共组织中部门冲突频率认知的影响可以通过图 2—8 得以反映。图中横坐标 1、2 分别代表男、女；纵坐标是均值，均值越大，代表冲突发生的频率越高。从图中可以看出，男性调查对象对于公共组织中部门冲突频率认知的程度要高于女性调查对象。

表2—15　　　　性别对公共组织中部门冲突频率认知的方差分析表

		平方和（Sum of Squares）	自由度（Df）	均方和（Mean Square）	F值（F）	检验P值（Sig.）
1—10	组间（Between Groups）	5.222	1	5.222	4.502	0.035
	组内（Within Groups）	419.932	362	1.160		
	总计（Total）	425.154	363			

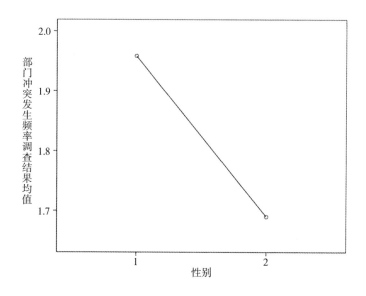

图2—8　性别对公共组织中部门冲突频率认知的影响

2. 年龄对公共组织中部门冲突频率认知的方差分析。由表2—16可以看出，方差分析F值的显著性为Sig. = 0.863 > 0.05，此时可以认为以年龄分组时，各个组间的均值不存在显著差异，即年龄对于调查对象的公共组织中部门冲突频率认知不存在影响。

表2—16　　　年龄对公共组织中部门冲突频率认知的方差分析表

		平方和 (Sum of Squares)	自由度 (Df)	均方和 (Mean Square)	F值 (F)	检验P值 (Sig.)
1—10	组间 (Between Groups)	1.521	4	0.380	0.322	0.863
	组内 (Within Groups)	423.633	359	1.180		
	总计 (Total)	425.154	363			

3. 受教育程度对公共组织中部门冲突频率认知的方差分析。由表2—17可以看出，方差分析F值的显著性为Sig. = 0.015 < 0.05，此时可以认为以受教育程度分组时，各个组间的均值存在显著差异，即受教育程度对于调查对象的公共组织中部门冲突频率认知存在影响。

表2—17　受教育程度对公共组织中部门冲突频率认知的方差分析表

		平方和 (Sum of Squares)	自由度 (Df)	均方和 (Mean Square)	F值 (F)	检验P值 (Sig.)
1—10	组间 (Between Groups)	12.099	3	4.033	3.515	0.015
	组内 (Within Groups)	413.055	360	1.147		
	总计 (Total)	425.154	363			

调查对象的受教育程度差异对公共组织中部门冲突频率认知的影响可以通过图2—9得以反映。图中横坐标1、2、3、4、5分别代表高中以下、高中、大专、本科、硕士及以上；纵坐标是均值，均值越大，代表冲突发生的频率越高。从图中可以

看出，受教育程度较高的调查对象对于公共组织中部门冲突频率认知的程度也较大。

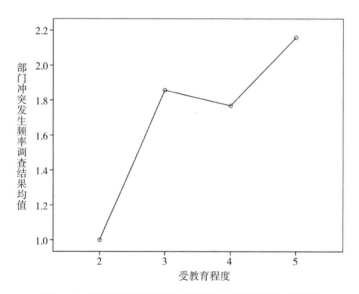

图2—9   受教育程度对组织中部门冲突频率认知的影响

4. 行政职务对公共组织中部门冲突频率认知的方差分析。由表2—18中可以看出，方差分析 F 值的显著性为 Sig. = 0.002 < 0.05，此时可以认为以行政职务分组时，各个组间的均值存在显著差异，即行政职务对于调查对象的公共组织中部门冲突频率认知存在影响。

调查对象的行政职务差异对公共组织中部门冲突频率认知的影响可以通过图2—10得以反映。图中横坐标1、2、3分别代表一般工作人员、处级、厅级；纵坐标是均值，均值越大，代表冲突发生的频率越高。从图中可以看出，随着行政职务级别的增高，对"您所在单位中部门冲突发生的频率是"这一问题的回答结果均值逐渐减小，即随着行政职务级别的增高，调查对象对于公共组织中部门冲突频率认知的程度逐渐增加。

表2—18　　行政职务对公共组织中部门冲突频率认知的方差分析表

		平方和 （Sum of Squares）	自由度 （Df）	均方和 （Mean Square）	F 值 （F）	检验 P 值 （Sig.）
1—10	组间 （Between Groups）	14.784	2	7.392	6.503	0.002
	组内 （Within Groups）	410.370	361	1.137		
	总计 （Total）	425.154	363			

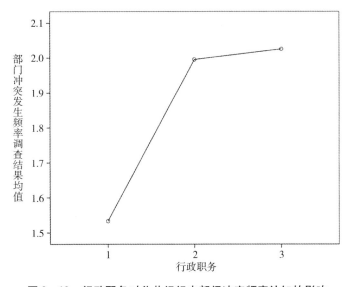

图2—10　行政职务对公共组织中部门冲突频率认知的影响

　　5. 所在组织性质对公共组织中部门冲突频率认知的方差分析。由表2—19中可以看出，方差分析 F 值的显著性为 Sig. = 0.888 > 0.05，此时可以认为以所在组织性质分组时，各个组间的均值不存在显著差异，即所在组织性质对于调查对象对公共组织中部门冲突频率认知不存在影响。

表 2—19 所在组织性质对公共组织中部门冲突频率认知的方差分析表

		平方和 （Sum of Squares）	自由度 （Df）	均方和 （Mean Square）	F 值 （F）	检验 P 值 （Sig.）
1—10	组间 （Between Groups）	2.738	6	0.456	0.386	0.888
	组内 （Within Groups）	422.416	357	1.183		
	总计 （Total）	425.154	363			

6. 所在组织规模对公共组织中部门冲突频率认知的方差分析。由表 2—20 中可以看出，方差分析 F 值的显著性为 Sig. = 0.156 > 0.05，此时可以认为以所在组织规模分组时，各个组间的均值不存在显著差异，即所在组织规模对于调查对象的公共组织中部门冲突频率认知不存在影响。

表 2—20 所在组织规模对公共组织中部门冲突频率认知的方差分析表

		平方和 （Sum of Squares）	自由度 （Df）	均方和 （Mean Square）	F 值 （F）	检验 P 值 （Sig.）
1—10	组间 （Between Groups）	7.773	4	1.943	1.672	0.156
	组内 （Within Groups）	417.380	359	1.163		
	总计 （Total）	425.154	363			

综上所述，通过调查对象的性别、年龄、受教育程度、行政职务、所在组织性质以及所在组织机关的规模，对部门冲突

频率认知情况进行单因素方差分析，结果显示，年龄、所在组织性质以及所在组织机关的规模对调查对象的部门冲突频率认知不存在影响；性别、受教育程度、行政职务对于调查对象的公共组织中部门冲突频率认知存在影响。

七　小结

本章通过对调查问卷设计、数据收集、信度和效度检验、问卷调查基本情况的介绍，概述本书运用调查问卷进行实证研究的思路和方法，从样本的性别、年龄、教育程度、行政职务、组织性质、组织机关的规模等方面，对问卷调查的基本情况进行了描述，同时，对公共组织内部冲突存在性的认知、个人冲突频率的认知状况、部门冲突频率的认知状况进行了测量，为运用调查问卷方法对公共组织冲突类型、冲突形成的原因、冲突管理策略、冲突效应和管理效应进行实证分析奠定基础。

第三章　公共组织冲突类型

一　公共组织冲突类型划分

对组织冲突进行分类，是系统研究冲突成因、确定冲突管理策略的基础，一直备受重视。不同的学者研究视角不同，冲突分类的研究成果也不同。总的看，这些研究成果视角单一，缺乏系统性。谢泼德（Sheppard）（1984）提出了与组织冲突分类相关的 35 个变量，并将它们归纳为冲突的特点、冲突当事人的特点、冲突环境的特点三大类。[①] 此后，詹姆森（Jameson）（1999）从冲突的内容、关系和情境三个维度来对组织冲突进行分类并进行了详细地归纳和总结。[②] 刘新进一步在詹姆森（Jameson）（1999）冲突分类研究的基础上，综合了其他学

[①] Sheppard B. *Third Party Conflict Intervention*：*A Procedural Framework. Research in Organizational Behavior*，1984，6：pp. 141 – 190.

[②] Jameson J K. *Toward a Comprehensive Model for the Assessment and Management of Intraorganizational Conflict*：*Developing the Framework. The International Journal of Conflict Management*，1999，10（3）：pp. 268 – 294.

者研究成果，提出了一个更为完整的组织冲突的分类体系。[①]

笔者通过对公共组织冲突的研究发现，以上的组织冲突分类，符合公共组织的一般特征，但由于公共组织担负着公共管理的职责，公共组织冲突总是与组织目标、组织行为发生密切的联系，具有特殊性，因此，公共组织冲突类型也注定要反映出与企业组织和其他组织不同的特点。在以上对组织冲突分类的基础上，笔者认为，公共组织冲突还应增加按冲突的从属关系、按体制状态、按工作流程等几种分类方法分类。

（一）按从属关系分类

公共组织按从属关系分类，可分为主动的冲突和被动的冲突。

1. 主动的冲突。佩尔滋（Pelz）和安德鲁斯（Andrews）（1966）等学者通过实证研究发现冲突既可能是消极的，也可能是积极的。[②] 公共组织中的个体为了达到某种目的，也会主动发起攻势，从而产生冲突。我们把这种冲突称为主动的冲突。主动的冲突有以下特点：（1）有目的。要实现什么目标是事前设定的，也是很明确的。一般而言，冲突当事人已在冲突与目标间进行了权衡，他会觉得虽然会发生冲突，产生冲突负效应，但是与取得的目标结果相比，冲突负效应显得无所谓。（2）有计划。在冲突发生前，冲突当事人已做了充分的准备，制订了实施方案，冲突已在他的意料之中。（3）有步骤。冲突

---

① 刘新：《企业组织冲突管理研究——以石油企业为例》，学位论文，中国地质大学（北京）2010 年。

② Pelz D C, Andrews W P. *Scientists in Organizations：Productive Climates for Research and Developmeng*. New York：Wiley, 1966.

当事人为实现既定的目标制定了具体的路线图，确定了行动步骤，知道通过哪些节点去一步一步地接近目标。

2. 被动的冲突。与主动的冲突相反，被动的冲突是冲突当事人在不情愿、甚至在无意中卷入的冲突，因此有研究者指出"没有哪一个组织是完全和睦而没有任何矛盾的"①。在实现组织目标、实施组织行为过程中，肯定要遇到阻力，这就产生了冲突。被动的冲突有以下特点：（1）没有冲突的动机。没想与谁对立，冲突对他们是"天上飞来的横祸"。（2）事前没有准备。由于是在意料之外发生的事情，因此，在冲突出现的起始阶段，仓促上阵。（3）被动响应。由于是主动方发起的对立，被动方只能是被动响应，被动应战。在冲突出现的起始阶段，处于守势，甚至退缩。只有经过调整，确定了方向和思路，才会发起攻势，转入主动。

（二）按体制状态分类

从管理学角度来说，体制指的是国家机关、企事业单位的机构设置和管理权限划分及其相应关系的制度，本书中的体制状态主要指体制是否发生变革。公共组织冲突按体制状态分类，可分为变革引起的冲突和无为产生的冲突。

1. 变革引起的冲突。变革影响利益，利益引发冲突。变革引起的冲突有以下特点：一是与变革紧密相关。由于冲突的积累和冲突的发展产生了变革的需求，促成了变革；由于变革引起原有利益的调整、旧的结构的调整，也对已有的认知产生挑战，新的冲突也由此产生。二是一直伴随着变革。随着变革的

---

① Coser L A. *Functions of Social Conflict*. US：Simon and Schuster，1957.

进行而产生，因变革深入而加剧，随着变革的成功而结束。变革决定冲突的起伏，冲突客观地反映变革的进程。三是影响变革成效。对变革将要产生的冲突进行科学预期，并加以合理引导，减弱冲突乃至化解冲突，变革就会实现预期。如果冲突不断扩大规模，积蓄的能量超过变革的力量或是社会所能承受的极限载荷，变革就会失败。

2. 无为产生的冲突。变革会产生冲突，静止无为也会产生冲突，因为变革与静止无为都会影响组织内部利益变化，区别仅在于影响的方式不同。无为产生的冲突有以下特点：一是在平静中积累和发展。由于事物内部的变化，滋生了冲突的诱因，冲突在慢慢积累和发展，在波澜不惊的下面是暗流涌动，当发展到一定阶段，冲突的能量就会爆发出来。二是与外部环境相关。外部环境的因素会通过介入影响冲突的孕育和成长过程，冲突本身也具有接收外部环境辐射的机制。冲突和外部环境似乎是孤立存在的两个世界，实际上是有无数条管道相连的两个端口。在一定意义上说，冲突因外部环境而起，环境造就了冲突。三是在旧体制里孕育。无为而产生的冲突源于旧体制和对旧体制的保护。旧体制产生了冲突因素，冲突因素以旧体制为温床，与旧体制的保守因素相互较量，此消彼长，在环境的影响下，最后终于成长为冲突的主导力量，改革随即开始。四是以爆炸的形式释放能量。由于无为，冲突按着自己的规律发展壮大，并自由地与其他冲突结成群体，群体与群体结成集群，集群与集群结成联盟，无限膨胀，无限扩大，当能量累积到一定程度，冲突会找出旧体制的薄弱点集中释放其能量，形成大爆炸，甚至形成一股极端的毁灭力量。

（三）按工作流程分类

工作流程是指为了实现某一特定目的而执行的一系列任务，这些任务之间存在相互的逻辑关系，本书中的工作流程主要按大类划分，包括决策过程、执行过程和控制过程。公共组织冲突按工作流程分类，可分为决策过程的冲突、执行过程的冲突和控制过程的冲突。

1. 决策过程的冲突。决策过程由提出问题、确立目标、设计和选择方案等活动构成，进行决策时目标必须明确，否则任何决策过程得出的结果都将是盲目的。决策是利益调整的起点，伴随着决策的过程冲突开始孕育、滋生。倡导民主决策，就是把建设性冲突引入决策机制，通过冲突，把问题考虑得更全面，使决策富有科学性。决策过程的冲突有以下特点：其一，思维角度多元引起碰撞。由于每个决策参与人的思维角度不同，仁者见仁，智者见智，各抒己见，从而产生冲突。其二，目标认知不同引发争论。对于目标的优劣，每个决策参与人都会根据自己的经验和推论作出判断，这种判断具有排他性，在坚持己见的过程中，就要产生冲突。其三，路径选择各异形成对立。实现同一目标不会只有一条路径，只有哪条路径更短、更快捷。在探讨路径时，每个决策参与人也都会坚持自己的设计各不相让，从而产生冲突。其四，非决策因素影响导致重大分歧。如果决策参与人有着复杂的背景，与决策所涉及到的利益、权力等主观因素休戚相关，各自代表着自己的背景群体，就会对自己的目标选择找出种种理由加以论证，对别人提出的即便是正确的目标也找出种种理由加以否定，由此产生的冲突将会是非常激烈的。

2. 执行过程的冲突。执行是实现决策目标的过程，决策中潜在的冲突将在执行过程中逐步显现，相对于决策过程而言，执行过程中工作重心由高层向低层转移，由少数人向多数人转移，由务虚层面向操作层面转移，因此发生冲突的概率更高，冲突点更多，原因更为复杂。执行过程的冲突有以下特点：其一，与执行能力有关。执行能力强，遇到的显现冲突相对就少，执行过程就顺畅，否则就会相反。这是因为，在执行过程中，能力强者会及时化解潜在的冲突和萌芽的冲突，甚至会利用冲突实现组织目标；能力弱者却会激化冲突，把潜在的冲突发展为萌芽的冲突，把萌芽的冲突发展为显现的冲突。其二，利益相关人和利益群体在执行过程中设卡。任何一项组织决策的执行都会侵蚀一部分人的利益，即便是受益者，在短期内也可能会失去一部分利益。因此，产生冲突是不可避免的。其三，冲突的大小受外界"气候"影响。外界的其他人、其他单位、其他部门、过去的经历会使冲突当事人产生条件反射，冲突当事人也会主动将自己的执行境遇与外界进行比较，从而产生比对效应，引起心理失衡。如果外界影响是积极的，冲突当事人的境遇比外界好，比对效应是正数，就会化解冲突，变成一个积极力量；如果外界影响是消极的，结果则会相反。

3. 控制过程的冲突。控制是根据自己的目的，通过一定的手段使事物沿着某一确定方向发展的行为和过程。领导者和领导团队为了保证决策目标的实现和决策方案的执行，要对执行的过程和结果进行控制，纠正决策目标实现过程中出现的偏差，从而产生冲突。控制过程所产生的冲突有以下特点：其一，冲突对象在组织内部。实现组织目标和完成组织任务，执行人是组织成员，控制介质也是组织成员，而不是外部群体，因而产生冲突也在领导者、领导团队与组织成员之间。冲突也会受到外部的一些影响，也会有比较效应，但这些影响和效应不会无限扩展，因而改变不了冲突的内部属性。其二，冲突集中在指标高低、责任大小、奖惩幅度三个节点。个体愿望总会希望指标低一些、责任小一些、奖励多一些、惩戒轻一些。而这些愿望是与组织利益相悖的，满足这些愿望，组织目标就无法实现，执行过程就会走弯路，个体愿望与组织目标之间体现了不兼容性，因此产生冲突。其三，冲突具有温和性、程序性、易控性。温和性是指冲突发生在组织内部，冲突动因又是组织任务，不包括个体之间的权力、利益之争，冲突比较温和，不会产生急风暴雨式的冲突；程序性是指冲突的表达会通过固定的渠道，逐个层级表达出来，一般不会越级冲突；易控性是指由于以上两点，就不会失控，只要正确认识规律，确定的方法适当，就不会使冲突升级，形成很大的破坏力。

（四）冲突演进三阶段模型

对组织冲突的分类，由于不同学者以不同的视角观察和研究冲突，因此，在他们的眼中，有不同的类型，而且，类型的划分还将无休止地进行下去，并不断有新的冲突类型无穷尽地被划分出来。但是通过分析，笔者发现，无论是刘新归纳的 7 类 34 种组织冲突类型，还是笔者新归纳的 3 类 7 种组织冲突类型，都反映出一些共同的特点，即所有冲突类型都可以按冲突演进时间顺序去划分，都要经历潜在冲突、萌芽冲突、显现冲突三个阶段，这里的冲突演进主要指冲突的演变发展过程。这个规律的发现，是在庞迪提出的冲突五阶段模型（即冲突的演变过程要经过潜在的冲突、知觉的冲突、感觉的冲突、显现的冲突、冲突的结果）的基础上，经过归并改造而形成的。从冲突管理的视角去观察，知觉的冲突和感觉的冲突很难区分，因为人们的思维是连贯的，不会按照理论划分去走走停停，显现的冲突和冲突的结果也是聚合在一起的，两者结伴而来，冲突的表达是砸碎一块玻璃，这是冲突的显现还是冲突的结果？当然是合二为一。实质上三个阶段的冲突，也是冲突的三种类型，这种分类方法克服了以往冲突分类标准太多，内容互相交叉，无法据以进行诊断和处理相关性的研究。笔者把冲突演进模型的三个阶段作为公共组织的三种类型进行描述，如图 3—1 所示，并对其特征和演进规律作进一步的阐述，从而为冲突的诊断和处理提供了理论依据。

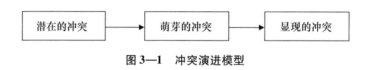

图 3—1 冲突演进模型

潜在的冲突。潜在冲突是指在组织和个人关系所处的特定环境里，潜伏着但尚未凸显出来的冲突。只要人们之间相互依存，且存在差异，他们之间就可能存在潜在的冲突，而且差异性越大，促使冲突表面化的可能性就越大，冲突的潜伏期就越短。[1] 潜在的冲突基本特征是：冲突存在于无形状态。在人们之间，存在着冲突构件，即缺项不全的冲突因素，需要增加新的构件或冲突构件的自我补充、完善，才能形成完整的冲突因素。构件一般指构成整体的部件或零件，本书中的冲突构件指构成冲突因素的必要组成部分。由于冲突构件还不是一个完整的冲突因素，因此，并不一定导致冲突，但这是冲突的必要条

---

① 黄维德、刘燕：《组织行为学》，清华大学出版社 2005 年版。

件，一旦构件累加或条件实现了补充和完善，冲突的演进过程就会启动。演进过程模型，如图3—2所示。其中行为嵌入指行为主体根据所确定的目标来制定相应的活动计划并选择对应的活动形式，换言之，行为嵌入就是将已确定的目标结合以具体活动计划与活动形式的行为过程。

图3—2 潜在的冲突的演进模型

在这个阶段，尽管事物的平衡状态没有打破，但是演进的过程已经形成，冲突逐渐逼近萌芽阶段，萌芽阶段将要发生的一切将以此为开端。

萌芽的冲突。萌芽冲突是指潜在冲突经过发展演进，由最初的尚未凸显状态转变为始发或初生状态的冲突形式，即萌芽冲突是潜在冲突的后续发展阶段。萌芽的冲突基本特征是：冲突向一定的形状发展之中，正如已经埋在地下的一粒种子，在合适的土壤、湿度和温度的作用下，开始发芽，但还没有冒出地表。因冲突被动方还没有采取行动，事物表面上仍然保持在原始的稳定状态，冲突表现出表层的静态化，深层的动态化，主动方与被动方关系紧张化，形成一触即发的态势。这一过程的长短决定于冲突被动方的敏捷程度，敏捷程度越高，萌芽阶段越短；敏捷程度越低，萌芽阶段越长。也决定于冲突被动方的情绪控制能力，控制能力越强，萌芽阶段越长；控制能力越弱，萌芽阶段越短。还决定于冲突被动方的思辨速度，思辨速度越快，萌芽阶段越短；思辨速度越慢，萌芽阶段越长。演进过程模型，如图3—3所示。

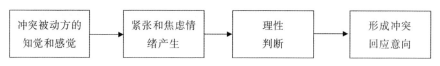

图 3—3   萌芽的冲突的演进模型

这个阶段，由于平衡已经被打破，冲突已逼近显现阶段，这时候，现实冲突的戏剧已经启幕，人物将要登场，情节将要展开，一场或热闹或平庸的大戏将要展现在人们面前。

显现的冲突。显现冲突又称公开冲突，是萌芽冲突的后续发展阶段，是处于对外显现且明白表示状态的冲突。在显现冲突中，冲突主体之间以直接的方式处理他们之间存在的差异。①显现的冲突基本特征是：冲突的形态已经完整地显现出来，萌芽的冲突经过演进已经破土而出，成为现实的冲突。这时的冲突行为有对立性、刺激性、主动性和情绪化特征。在冲突双方的对抗中，冲突结果也同时发生，这种结果可能是积极的，也可能是消极的。演进过程模型，如图 3—4 所示。

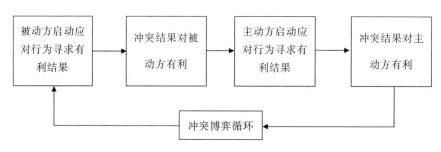

图 3—4   显现的冲突的演进模型

由于冲突双方进入博弈状态，越来越激化，破坏力越来越大，促使冲突管理力量介入，采取具体的方式使冲突得到解

---

①   黄维德、刘燕：《组织行为学》，清华大学出版社 2005 年版。

决。如果是积极的冲突，冲突管理者也不会听任其发展，以至于失控，当实现了其功能后就要使其停止。即使是大规模的社会冲突，也不会无休止地进行下去，或者是在现行体制内解决，或者引起体制的变革，以新的体制取代旧的体制，使冲突终结。

冲突的潜在阶段、萌芽阶段、显现阶段分别有以上特点和规律，它们之间也存在内在的联系，这种联系的一个重要方式是冲突信息的发出、接收和交互的过程，如图3—5所示。

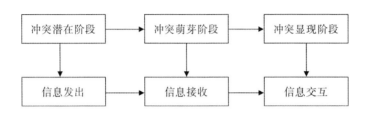

图3—5 潜在阶段、萌芽阶段、显现阶段的内在联系

在冲突潜在阶段，冲突主动方思维活跃，埋设冲突构件，向冲突被动方发出冲突信息；在冲突萌芽阶段，冲突被动方思维活跃，接收冲突信息，并进行认知和知觉；在冲突显现阶段，冲突双方思维都非常活跃，交互信息，产生冲突博弈。掌握了这一联系，并深刻分析各个阶段组织冲突的基本特征、演进机理、演进过程和演进结果，就会在冲突管理中，知道主要矛盾是什么，矛盾主要方面在哪边，制定出符合规律的冲突管理策略，以便对公共组织冲突进行正确的诊断和处理。由此笔者提出以下假设：

假设1：潜在、萌芽、显现三种冲突类型呈现出一种内在演进关联。

假设 1a：萌芽冲突源于潜在冲突。

假设 1b：显现冲突源于萌芽冲突。

二 公共组织冲突类型划分实证分析

（一）公共组织冲突类型划分实证分析之一

本研究在总结借鉴国内外学者关于组织冲突类型划分研究的基础上，结合我国公共组织的特点，新归纳出 3 类 7 种冲突类型。公共组织冲突类型划分的测量主要包括：按冲突的从属关系、体制状态、工作流程分类的合理性，以及各种冲突类型的共同阶段特点。对冲突类型划分的测量要求调查对象根据自己的真实感受如实判断。每种类型均采用 Likert 五级量表：1 = 非常不同意；2 = 有点不同意；3 = 不确定；4 = 比较同意；5 = 非常同意。

1. 按冲突的从属关系划分

如表 3—1 所示，从问卷结果统计情况来看，对"主动的冲突"选项的均值为 3.9945，对"被动的冲突"选项的均值为 4.1978，这两个选项的均值均高于"其他"选项。实证结果支持了笔者提出的公共组织按从属关系分类，可分为主动的冲突和被动的冲突。

表 3—1 按从属关系分类统计表

选项	均值	标准差
主动的冲突	3.9945	0.9360
被动的冲突	4.1978	0.7710
其他	3.2143	0.7297

2. 按体制状态划分

如表3—2所示，从对问卷结果的统计情况来看，对"变革引起的冲突"选项的均值为4.2802，对"无为产生的冲突"选项的均值为3.7473，这两个选项的均值均高于"其他"选项。实证结果支持了笔者提出的公共组织冲突按体制状态分类，可分为变革引起的冲突和无为产生的冲突。

表3—2　　　　　　　　　　按体制状态分类统计表

选项	均值	标准差
变革引起的冲突	4.2802	0.8322
无为产生的冲突	3.7473	0.9969
其他	3.1538	0.6911

3. 按工作流程划分

如表3—3所示，从对问卷结果的统计情况来看，对"决策过程的冲突"选项的均值为4.2692，对"执行过程的冲突"选项的均值为4.3462，对"控制过程的冲突"选项的均值为4.1703，这三个选项的均值均高于"其他"选项。实证结果支持了笔者提出的公共组织冲突按工作流程分类，可分为决策过程的冲突、执行过程的冲突和控制过程的冲突。

表3—3　　　　　　　　　　按工作流程分类统计表

选项	均值	标准差
决策过程的冲突	4.2692	0.8022
执行过程的冲突	4.3462	0.7204
控制过程的冲突	4.1703	0.8421
其他	3.2060	0.6874

4. 对所提出假设的实证分析

假设1：潜在、萌芽、显现三种冲突类型呈现出一种内在演进关联。

在中国情境下，所有冲突类型按照演进时间顺序都必须经历潜在、萌芽、显现三个冲突类型阶段。如表3—4所示，对"您认为上述所有类型的冲突共同特点是必须经过的阶段"这一选项，选择"潜在、萌芽、显现3个发展阶段"选项的均值为4.1346，选择"潜在、知觉、感觉、显现、结果5个发展阶段"选项的均值为3.9945，选择"任何一种类型都能反映其他冲突类型的特点"选项的均值为3.1731。这表明，在中国情境下，所有冲突类型按演进时间顺序都要经历潜在冲突、萌芽冲突、显现冲突三个阶段，进一步印证了笔者把冲突演进模型的三个阶段作为公共组织冲突的特质进行研究的合理性，为进一步研究公共组织冲突奠定了理论和实践基础。

表3—4　　　　　　　　　　按冲突的阶段分类统计表

选项	均值	标准差
潜在、萌芽、显现3个发展阶段	4.1346	0.9797
潜在、知觉、感觉、显现、结果5个发展阶段	3.9945	0.9875
任何一种类型都能反映其他冲突类型的特点	3.1731	0.8847

（二）公共组织冲突类型划分实证分析之二

1. 研究思路与方法

为了进一步对潜在、萌芽、显现三个阶段的组织冲突演进过程进行验证，笔者也进行了实验室研究。实验设计采取组间设计，把不同的被试分成两组，让其以冲突双方不同的身份和角色参与冲突。在实验中，坚持了三条基本原则:[①] 一是随机化。由于不同实验组中被试之间存在个体差异，在分组时注意对被试进行随机分配，以抵消差异。二是复制。在相同的情境下，独立重复实验以得到重复样本。三是区集。对于一些实验个体可能有近似的会影响测试结果的因素，采取区集的办法，以免受这些无关因素的影响。实验方法是在公共组织中随机选120人，在相同情境下重复三次进行实验，得到实验结果，验证所提出假设。

假设1:潜在、萌芽、显现三种冲突类型呈现出一种内在演进关联。

假设1a:萌芽冲突源于潜在冲突。

假设1b:显现冲突源于萌芽冲突。

2. 实验情境设置及实验结果分析

通过模拟测试问卷（分A卷、B卷），设定被试的背景、扮演的角色、经历的三个情境以及在每个情境后需要以所扮演的角色身份进行评判的事项。

（1）角色背景。A角所在单位:上级税务机关，是基层税务局的领导机关，不直接收税。B角所在的单位:基层税务局，负责收税，但无权招录工作人员，招录权在上级税务机关。

（2）被试扮演的角色。A角扮演的是:上级税务机关领导。B角扮演的是:基层税务局的协税员（临时工）。

（3）被试（A角、B角）共同经历3个情境。模拟测试问卷以协税员群体形成与发展变化为线索，设置了3个情境，每一个情境代表冲突发展的一个阶段，从本人关于公共组织冲突

---

① 陈晓萍、徐淑英、樊景立:《组织与管理研究的实证方法》，北京大学出版社2008年版。

发展阶段命题出发，分别是冲突的潜在阶段、萌芽阶段、显现阶段。在利用实验室研究过程中，设计的冲突情境、评判事项与被试不相干，即事件不直接作用于被试，没有给被试施加直接影响，只是要求被试在阅读反映每一情境的材料后进行评估、判断，给出自己的答案。

情境一：上世纪六、七十年代，由于实行计划经济体制，国家财政收入以企业上交利润为主体，因此，税务工作还不被人们所重视。大学和中专毕业生是稀缺资源，想到税务局工作的人不多，税务干部缺乏来源。到了80年代，经济体制改革，出现了大量的从事工商业的个体户，为了满足工作需要，上级税务机关允许基层税务局在社会上雇用一批临时工，叫"协税员"，主要从事个体税收的征收管理。

随着社会主义市场经济体制的逐步确立，税务局地位逐渐提高，想到税务局工作的人多起来。大量知青返城，劳动就业成了社会问题，不少基层税务干部子女没有工作。为了解除税务干部的后顾之忧，也为了解决基层税务局人手不够用的矛盾，上级税务机关出台了一项内部政策：雇用协税员税务干部子女优先。一批待业的基层税务干部子女进入税务局工作，月工资虽少，但毕竟有工作干了，基层税务机关打心眼儿里感谢上级税务机关。

上级税务机关为了进一步解决基层税务干部的后顾之忧，又在协税员中招录了一批工人。实际上工人在税务局没有执法资格，让他们收税属于违法，但当时法制还不健全，也没有人制止。为了解决基层税务干部子女就业问题，上级税务机关可以说费尽了心思，让基层税务干部很受感动，他们给上级税务机关写表扬信，感谢领导为老百姓办实事、办好事，上级税务机关也为给部属办实事、办好事为荣。在税务部门，工人与干部混岗收税，虽然工资待遇不一样，但相安无事。

请从扮演的角色（A角、B角）出发，回答下列问题。回答问题的方式是单项选择，即只能选择一个参考答案。

ⅰ. 您对这件事的判断是：＿＿＿＿＿

（1）好事； （2）坏事； （3）需要应对的坏事。

ⅱ. 您对基层协税员（A角回答）或上级税务机关（B角回答）的评价是：＿＿＿＿＿

（1）好； （2）差； （3）非常不认可。

ⅲ. 您这时的心态是：＿＿＿＿＿

（1）平和； （2）忧虑； （3）非常紧张。

ⅳ. 您这时的情绪是：＿＿＿＿＿

（1）友好； （2）反感； （3）非常对立。

ⅴ. 您这时的表现是：＿＿＿＿＿

（1）赞同； （2）不满； （3）采取行动反对。

对被试的选择情况进行统计，三次实验结果统计见表3—5和表3—6所示。

表3—5 　　　　情境一模拟测试 A 卷答案统计结果汇总表

问题	选项	第一次		第二次		第三次	
		人数	比例	人数	比例	人数	比例
您对这件事的判断是	好事	31	51.7%	27	45.0%	42	70.0%
	坏事	11	18.3%	11	18.3%	9	15.0%
	需要应对的坏事	18	30.0%	22	36.7%	9	15.0%
您对基层协税员的评价是	好	38	63.3%	26	43.3%	47	78.3%
	差	14	23.3%	20	33.3%	11	18.3%
	非常不认可	8	13.3%	14	23.3%	2	3.3%

问题	选项	第一次		第二次		第三次	
		人数	比例	人数	比例	人数	比例
您这时的心态是	平和	36	60.0%	33	55.0%	47	78.3%
	忧虑	24	40.0%	24	40.0%	10	16.7%
	非常紧张	0	0.0%	3	5.0%	3	5.0%
您这时的情绪是	友好	42	70.0%	31	51.7%	50	83.3%
	反感	18	30.0%	25	41.7%	8	13.3%
	非常对立	0	0.0%	4	6.7%	2	3.3%
您这时的表现是	赞同	35	58.3%	32	53.3%	45	75.0%
	不满	19	31.7%	18	30.0%	11	18.3%
	采取行动反对	6	10.0%	10	16.7%	4	6.7%
人数合计		60	100%	60	100%	60	100%

表3—6　　　　**情境一模拟测试 B 卷答案统计结果汇总表**

问题	选项	第一次		第二次		第三次	
		人数	比例	人数	比例	人数	比例
您对这件事的判断是	好事	41	68.3%	29	48.3%	38	63.3%
	坏事	7	11.7%	7	11.7%	15	25.0%
	需要应对的坏事	12	20.0%	24	40.0%	7	11.7%
您对上级税务机关的评价是	好	47	78.3%	27	45.0%	37	61.7%
	差	9	15.0%	20	33.3%	16	26.7%
	非常不认可	4	6.7%	13	21.7%	7	11.7%
您这时的心态是	平和	47	78.3%	27	45.0%	39	65.0%
	忧虑	12	20.0%	27	45.0%	18	30.0%
	非常紧张	1	1.7%	6	10.0%	3	5.0%
您这时的情绪是	友好	50	83.3%	30	50.0%	39	65.0%
	反感	10	16.7%	25	41.7%	17	28.3%
	非常对立	0	0.0%	5	8.3%	4	6.7%
您这时的表现是	赞同	46	76.7%	27	45.0%	38	63.3%
	不满	12	20.0%	23	38.3%	20	33.3%
	采取行动反对	2	3.3%	10	16.7%	2	3.3%
人数合计		60	100%	60	100%	60	100%

根据表3—5和表3—6统计结果，对给出的5个待评判问题，在第一个情境后的判断，从三次重复实验统计结果看，无论是A卷还是B卷主要是肯定性认知："您对这件事的判断是"选择"（1）好事"的，第一次A、B卷分别为51.7%、68.3%，第二次A、B卷分别为45%、48.3%，第三次A、B卷分别为70%、63.3%；"您对基层协税员（上级税务机关）的评价是"选择"（1）好"的，第一次A、B卷分别为63.3%、78.3%，第二次A、B卷分别为43.3%、45%，第三次A、B卷分别为78.3%、61.7%；"您这时的心态是"选择"（1）平和"的，第一次A、B卷分别为60%、78.3%，第二次A、B卷分别为55%、45%，第三次A、B卷分别为78.3%、65%；"您这时的情绪是"选择"（1）友好"的，第一次A、B卷分别为70%、83.3%，第二次A、B卷分别为51.7%、50%，第三次A、B卷分别为83.3%、65%；"您这时的表现是"选择"（1）赞同"的，第一次A、B卷分别为58.3%、76.7%，第二次A、B卷分别为53.3%、45%，第三次A、B卷分别为75%、63.3%。

在这一阶段，就主体而言，无论是A角还是B角，对冲突判断是"好事"，相应的评价是"好"，心态平和，情绪友好，面对冲突事件表现出赞同，说明冲突事件此时尚存在于无形状态，只存在冲突构件，事物平衡状态没有打破，冲突双方还没有对冲突认知，但已埋下了冲突的种子。从而验证了潜在冲突类型的客观存在。

情境二：时间进入了上世纪90年代，个体工商业发展越来越快，进入基层税务局当协税员的基层税务干部子女也越来越多。工人在税务局只能占工勤编制，编制是固定的，不能超编进人；随着社会主义法制的不断完善，对工人身份因不具备执法资格不能执法的要求也越来越严格。虽然已超出了安置能力，但进税务局当协税员的临时用工人员还在逐渐增加。原因是：原有的协税员没有主动离开的；税务工作需要方方面面的支持，一些关系户也经人介绍到税务局当协税员。协税员工资待遇低，他们就到所管辖的个体工商户去取得平衡，今天拿把韭菜，明天要块肉，个体工商户很反感，但又得罪不起，就以少缴税取得平衡。基层税务局和上级税务机关也都感到协税员损害了组织形象。

请从扮演的角色（A 角、B 角）出发，回答下列问题。回答问题的方式是单项选择，即只能选择一个参考答案。

ⅰ. 您对这件事的判断是：＿＿＿＿＿＿

（1）好事；　　（2）坏事；　　（3）需要应对的坏事。

ⅱ. 您对基层协税员（A 角回答）或上级税务机关（B 角回答）的评价是：＿＿＿＿＿＿

（1）好；　　（2）差；　　（3）非常不认可。

ⅲ. 您这时的心态是：＿＿＿＿＿＿

（1）平和；　　（2）忧虑；　　（3）非常紧张。

ⅳ. 您这时的情绪是：＿＿＿＿＿＿

（1）友好；　　（2）反感；　　（3）非常对立。

ⅴ. 您这时的表现是：＿＿＿＿＿＿

（1）赞同；　　（2）不满；　　（3）采取行动反对。

对被试的选择情况进行统计，三次实验结果统计见表3—7和表3—8 所示。

表3—7　　　　情境二模拟测试 A 卷答案统计结果汇总表

问题	选项	第一次		第二次		第三次	
		人数	比例	人数	比例	人数	比例
您对这件事的判断是	好事	4	6.7%	12	20.0%	3	5.0%
	坏事	29	48.3%	25	41.7%	33	55.0%
	需要应对的坏事	27	45.0%	23	38.3%	24	40.0%
您对基层协税员的评价是	好	2	3.3%	7	11.7%	5	8.3%
	差	41	68.3%	31	51.7%	48	80.0%
	非常不认可	17	28.3%	22	36.7%	7	11.7%
您这时的心态是	平和	4	6.7%	18	30.0%	14	23.3%
	忧虑	49	81.7%	38	63.3%	41	68.3%
	非常紧张	7	11.7%	4	6.7%	5	8.3%
您这时的情绪是	友好	8	13.3%	18	30.0%	5	8.3%
	反感	50	83.3%	38	63.3%	52	86.7%
	非常对立	2	3.3%	4	6.7%	3	5.0%
您这时的表现是	赞同	3	5.0%	11	18.3%	2	3.3%
	不满	36	60.0%	29	48.3%	52	86.7%
	采取行动反对	21	35.0%	20	33.3%	6	10.0%
人数合计		60	100%	60	100%	60	100%

表3—8　　　　情境二模拟测试 B 卷答案统计结果汇总表

问题	选项	第一次		第二次		第三次	
		人数	比例	人数	比例	人数	比例
您对这件事的判断是	好事	3	5.0%	10	16.7%	1	1.7%
	坏事	29	48.3%	26	43.3%	34	56.7%
	需要应对的坏事	28	46.7%	24	40.0%	25	41.7%
您对上级税务机关的评价是	好	4	6.7%	12	20.0%	11	18.3%
	差	39	65.0%	30	50.0%	34	56.7%
	非常不认可	17	28.3%	18	30.0%	15	25.0%
您这时的心态是	平和	8	13.3%	13	21.7%	8	13.3%
	忧虑	51	85.0%	40	66.7%	49	81.7%
	非常紧张	1	1.7%	7	11.7%	3	5.0%

问题	选项	第一次		第二次		第三次	
		人数	比例	人数	比例	人数	比例
您这时的情绪是	友好	5	8.3%	17	28.3%	10	16.7%
	反感	55	91.7%	40	66.7%	45	75.0%
	非常对立	0	0.0%	3	5.0%	5	8.3%
您这时的表现是	赞同	5	8.3%	10	16.7%	10	16.7%
	不满	50	83.3%	33	55.0%	48	80.0%
	采取行动反对	5	8.3%	17	28.3%	2	3.3%
人数合计		60	100%	60	100%	60	100%

根据表3—7和表3—8统计结果，在第二个情境后的判断，从三次重复实验统计结果看，无论是A卷还是B卷否定性认知开始占上风："您对这件事的判断是"选择"（2）坏事"的，第一次A、B卷分别为48.3%、48.3%，第二次A、B卷分别为41.7%、43.3%，第三次A、B卷分别为55%、56.7%；"您对基层协税员（上级税务机关）的评价是"选择"（2）差"的，第一次A、B卷分别为68.3%、65%，第二次A、B卷分别为51.7%、50%，第三次A、B卷分别为80%、56.7%；"您这时的心态是"选择"（2）忧虑"的，第一次A、B卷分别为81.7%、85%，第二次A、B卷分别为63.3%、66.7%，第三次A、B卷分别为68.3%、81.7%；"您这时的情绪是"选择"（2）反感"的，第一次A、B卷分别为83.3%、91.7%，第二次A、B卷分别为63.3%、66.7%，第三次A、B卷分别为86.7%、75%；"您这时的表现是"选择"（2）不满"的，第一次A、B卷分别为60%、83.3%，第二次A、B卷分别为48.3%、55%，第三次A、B卷分别为86.7%、80%。

在这一阶段，冲突正在向一定形态发展之中。就主体而言，无论是 A 角还是 B 角，对冲突事件的判断是"坏事"，相应的评价是"差"，心态忧虑，产生了反感情绪，并表现出不满，说明冲突已经向另一种类型演进，这时，冲突双方关系出现紧张，呈一触即发的态势，但事物在表面上仍然保持在原始的稳定状态，冲突表现出表层的静态化，深层的动态化。这验证了萌芽的冲突类型是客观存在的。

情境三：时间进入了本世纪初。随着时间的推移，一部分协税员产生了不满情绪。他们与在职税务干部比，认为都是干一样的工作，但无论是工资或是奖金都差很多；他们与原来从协税员招录到税务局的正式工人比，认为组织不公平，都是一样的条件，前几任税务机关领导能招录，现在的领导就不去争取，对群众不负责任。面对这些不满情绪，基层税务局领导感到很无奈，有的也同情这些协税员，协税员向他们投诉，他们说自己无权解决问题。于是，协税员们纷纷到上级税务机关上访。由于得不到解决，协税员们开始联合起来，集体上访，向上级税务机关施压。上级税务机关感到头疼：工勤编制已基本上让前几任班子批准招录的协税员占满，还有少量空编满足不了所有协税员的诉求；上级对不允许协税员执法问题已经三令五申，即使把他们招录进来，也没有工作可干；况且，协税员当中有一些人素质不高，不适合在税务局这样的权力部门工作。但不让他们成为税务局的正式工作人员，也面临着难题。上级税务机关左右为难，协税员上访时经常发生碰撞，有愈演愈烈的趋向。

请从扮演的角色（A 角、B 角）出发，回答下列问题。回答问题的方式是单项选择，即只能选择一个参考答案。

ⅰ.您对这件事的判断是：＿＿＿＿＿

（1）好事；　　（2）坏事；　　　（3）需要应对的坏事。

ⅱ. 您对基层协税员（A 角回答）或上级税务机关（B 角回答）的评价是：＿＿＿＿＿＿＿

（1）好；　　　（2）差；　　　（3）非常不认可。

ⅲ. 您这时的心态是：＿＿＿＿＿＿＿

（1）平和；　　（2）忧虑；　　（3）非常紧张。

ⅳ. 您这时的情绪是：＿＿＿＿＿＿＿

（1）友好；　　（2）反感；　　（3）非常对立。

ⅴ. 您这时的表现是：＿＿＿＿＿＿＿

（1）赞同；　　（2）不满；　　（3）采取行动反对。

对被试的选择情况进行统计，三次实验结果统计见表 3—9 和表 3—10 所示。

表 3—9　　　　　　　情境三模拟测试 A 卷答案统计结果汇总表

问题	选项	第一次		第二次		第三次	
		人数	比例	人数	比例	人数	比例
您对这件事的判断是	好事	7	11.7%	14	23.3%	5	8.3%
	坏事	8	13.3%	17	28.3%	8	13.3%
	需要应对的坏事	45	75.0%	29	48.3%	47	78.3%
您对基层协税员的评价是	好	4	6.7%	8	13.3%	3	5.0%
	差	26	43.3%	19	31.7%	23	38.3%
	非常不认可	30	50.0%	33	55.0%	34	56.7%
您这时的心态是	平和	1	1.7%	17	28.3%	13	21.7%
	忧虑	20	33.3%	17	28.3%	18	30.0%
	非常紧张	39	65.0%	26	43.3%	29	48.3%
您这时的情绪是	友好	7	11.7%	13	21.7%	7	11.7%
	反感	18	30.0%	8	13.3%	14	23.3%
	非常对立	35	58.3%	39	65.0%	39	65.0%

续表

问题	选项	第一次		第二次		第三次	
		人数	比例	人数	比例	人数	比例
您这时的表现是	赞同	3	5.0%	9	15.0%	5	8.3%
	不满	24	40.0%	24	40.0%	14	23.3%
	采取行动反对	33	55.0%	27	45.0%	41	68.3%
人数合计		60	100%	60	100%	60	100%

表3—10　　　　情境三模拟测试 B 卷答案统计结果汇总表

问题	选项	第一次		第二次		第三次	
		人数	比例	人数	比例	人数	比例
您对这件事的判断是	好事	4	6.7%	15	25.0%	4	6.7%
	坏事	17	28.3%	15	25.0%	21	35.0%
	需要应对的坏事	39	65.0%	30	50.0%	35	58.3%
您对上级税务机关的评价是	好	2	3.3%	10	16.7%	1	1.7%
	差	24	40.0%	19	31.7%	21	35.0%
	非常不认可	34	56.7%	31	51.7%	38	63.3%
您这时的心态是	平和	2	3.3%	13	21.7%	3	5.0%
	忧虑	25	41.7%	15	25.0%	22	36.7%
	非常紧张	33	55.0%	32	53.3%	35	58.3%
您这时的情绪是	友好	2	3.3%	14	23.3%	2	3.3%
	反感	26	43.3%	15	25.0%	21	35.0%
	非常对立	32	53.3%	31	51.7%	37	61.7%
您这时的表现是	赞同	2	3.3%	11	18.3%	2	3.3%
	不满	25	41.7%	21	35.0%	23	38.3%
	采取行动反对	33	55.0%	28	46.7%	35	58.3%
人数合计		60	100%	60	100%	60	100%

根据表3—9和表3—10统计结果，在第三个情境后的判断，从三次重复实验统计结果看，无论是 A 卷还是 B 卷否定性

认知占据主导并有明显的采取行动倾向："您对这件事的判断是"选择"（3）需要应对的坏事"的，第一次 A、B 卷分别为75%、65%，第二次 A、B 卷分别为48.3%、50%，第三次 A、B 卷分别为78.3%、58.3%；"您对基层协税员（上级税务机关）的评价是"选择"（2）差"和"（3）非常不认可"的，第一次 A、B 卷分别为 93.3%、96.7%，第二次 A、B 卷分别为 86.7%、83.4%，第三次 A、B 卷分别为 95%、98.3%；"您这时的心态是"选择"（2）忧虑"和"（3）非常紧张"的，第一次 A、B 卷分别为98.3%、96.7%，第二次 A、B 卷分别为 71.6%、78.3%，第三次 A、B 卷分别为 78.3%、95%；"您这时的情绪是"选择"（2）反感"和"（3）非常对立"的，第一次 A、B 卷分别为 88.3%、96.6%，第二次 A、B 卷分别为 78.3%、76.7%，第三次 A、B 卷分别为 88.3%、96.7%；"您这时的表现是"选择"（2）不满"和"（3）采取行动反对"的，第一次 A、B 卷分别为 95%、96.7%，第二次 A、B 卷分别为 85%、81.7%，第三次 A、B 卷分别为 91.6%、96.6%。

在这一阶段，冲突进一步升级。就主体而言，A 角和 B 角对冲突事件的判断是"需要应对的坏事"，相应的评价是"非常不认可"，心态非常紧张，情绪非常对立，作出了采取行动反对的表示，说明冲突的形态已经完整显现出来，萌芽的冲突经过演进已经成为显现的冲突，冲突行为呈现对立性、刺激性、主动性的特点。显现冲突类型的客观存在，在这里得到了验证。

从上述三个情境对被试的重复实验统计结果看，其在不同时点对冲突事件发展的认知和行为选择取向明显不同，具有明确的阶段性特征。实验结果进一步验证了本人提出的"所有冲突类型都可以从冲突演进时间顺序去划分，都要经历潜在冲突、萌芽冲突、显现冲突三个类型阶段"的假设。

三　小结

本章在总结不同学者关于公共组织冲突分类基础上，通过分析，根据公共组织的特点，新归纳了3类7种冲突类型，提出按冲突的从属关系分类可分为主动的冲突和被动的冲突，按体制状态分类可分为变革引起的冲突和无为产生的冲突，按工作流程分类可分为决策过程的冲突、执行过程的冲突和控制过程的冲突。对本书提出的"所有冲突类型都可以按冲突演进时间顺序去划分，都要经历潜在冲突、萌芽冲突、显现冲突三个阶段"的假设，无论是作问卷统计分析，还是通过实验室研究都得到了验证。

第四章 公共组织冲突成因

冲突是人类社会的一种普遍现象，广泛存在于代表公共利益、行使公共权力、提供公共服务、供给公共产品、维护公共秩序、承担公共责任的组织，[①] 包括各级党委、人大、政府、政协、群团和检法等行使公共权力的机构内部之间、内部与工作对象之间。对公共组织冲突成因进行研究，是公共组织冲突管理的一个起点，国内外学者作出很多努力，取得许多研究成果，由于研究的课题不同，着重点和对冲突的分类也不尽相同。笔者试图以组织行为学为理论基础，从组织、群体、个体、外部环境四个维度，对公共组织冲突形成机理进行分析研究，为公共组织领导者有针对性进行冲突管理提供依据。公共组织冲突成因层次结构见图4—1所示。

一　组织层面的冲突成因分析

组织层面的成因，就公共组织冲突而言，是一个宏观层面

---

① 孙萍、张平：《公共组织行为学》，中国人民大学出版社2006年版。

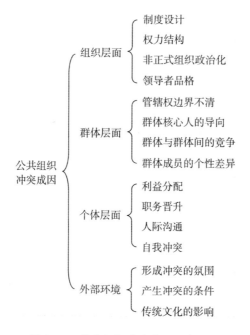

图4—1   公共组织冲突成因层次结构

的问题，涉及的往往是公共组织中的一些重大问题。制度设计、权力结构、非正式组织状态、领导者品格等决定组织基本特征的因素常常成为组织层面的冲突的主要诱因。

（一）制度设计

制度设计是为实现组织目标而对各种组织资源要素进行的规划组合。制度设计与冲突的产生息息相关，具有根本性作用。一个好的制度会被人们所接受，即使是限制、剥夺了一些人的利益，由于是"对事不对人"，也不会产生冲突和负面的影响。如果一个制度的设计是错误或不合理的，一出台就会引发冲突。在运行过程中，制度设计的困境在于公平与效率的两难选择。制度设计必须坚持公平的原则。公平是一种社会价值和社会心理状态，不公平就不易被人们所接受，就会引发冲突。追求公平在一定程度上妨碍了效率的提高，绝对的公平会形成制度的悖论，干好干坏一个样，势必引起组织活力的蜕变，从而引发任务冲突。所以，制度设计必须坚持效率的原则。追求效率会在一定程度上影响公平的实现。完成组织任务、实现组织目标需要效率，奖优罚劣会促进效率的提高，但也会打破组织平衡，产生情绪对抗，引发组织冲突。一个好的制度设计，就是要依据组织任务和目标，权衡公平和效率，找出一个最佳切合点。由此笔者提出以下假设：

假设2：组织制度的公平程度、效率水平与公共组织冲突相关：

2a：组织制度越公平，发生冲突的频率越低；

2b：组织制度效率水平越高，发生冲突的频率越高。

（二）权力结构

权力结构是权力分配后组织权力分布的凝固状态。优化的权力结构会在权力效率和权力制衡之间，找到一个最佳交汇点，既发挥权力作用，赢得最大的组织效率，又保持恰当的制衡机制，使组织处于一种稳定的运行状态。如果权力结构失衡，就会产生组织冲突，甚至危及组织安全。导致权力结构失衡的原因有：（1）权力集中度过高。适度集权是组织正常运行的保证，但集中度过高则要产生冲突，影响组织的正常运行。组织主要领导人把本属于团队的权力集于一身，权倾九鼎，其他团队成员成了摆设，自然会产生冲突。由于主要领导者有无限的权力，自然也会有无限的责任，当所有的责任都归于一人的时候，由于没有人去帮助其规避和化解冲突，许多冲突就会滋生显现出来。（2）授权单一。授权是一门管理艺术，合理的授权，既可以使组织管理者把更多的时间放在抓大事上，又能激发团队的积极性和创造性。如果把权力资源全部或大部分分配给团队的某一个人，就会形成大权旁落。由于人性的弱点，执权者一旦大权在握，形成气候，就会发生人格变异，由顺从变成专断，并产生对授权领导人取而代之的意念，冲突便开始发生，并不断演进成恶性博弈。在我国历史上，不乏这样的印证，成为改朝换代的原始动因。太平天国东王杨秀清与天王洪秀全之争，导致一个生机勃勃的组织因内部冲突毁于一旦，就是这个规律的一个客观反映。同时，授权单一还容易引起猜忌。执权者和授权者的思维方式，处理问题的办法，甚至对组织目标的确定不会完全重合，如果沟通不畅，就会引起授权者的疑虑，从而产生冲突。（3）横向权力与纵向权力配置不合理。纵向组织是完成组织任务、实现组织目标的主要力量，授权的权重自然要大一些。横向组织即组织中的各个部门，是完成组织任务、实现组织目标的督导者，距离权力中心更近一些。如果把横向组织看成是自己人，把纵向组织看成是局外人，偏重于横向组织的授权，就会对组织结构产生破坏性，从而产生冲突。由此笔者提出以下假设：

假设3：权力结构与公共组织冲突相关，权力结构失衡度越高，发生冲突的可能性越高。

（三）领导者品格

领导者品格是指其品行和人格的外在表现。一个组织的平稳与兴衰，很大程度上依赖于领导者的品格。具有良好品格的领导者能够采取更为积极的、富有建设性的冲突管理方式，提高组织成员的满意度和忠诚度，形成和谐的工作氛围，从而减少冲突。[1][2] 我国历朝历代的政权更迭无不是由社会矛盾的激化和爆发引起的，而导致这一结果的又无不与末代皇帝的昏庸和腐败密切相关。可见，领导者品格是公共组织冲突的一个重要因素。在当代组织中，构成领导者品格要素包括：（1）诚信。诚信是一个道德范畴，指日常行为的诚实和正式交流的信用的合称。诚信是领导者立身之本，不诚信，做人、做官就失去了根基。周幽王烽火戏诸侯，以后便无法号令三军。组织领导人是组织成员的依赖者，这种依赖是组织凝聚力的原动力，所以，无论是古代还是当代为官者多以"言必信，行必果"自勉。不诚信，尤其是领导人承诺虚妄，不但产生道德冲突，还会与组织成员产生期望冲突。胃口吊得很高，但不能兑现承诺，就会制造出冲突。这种冲突，不仅在同一组织中存在，在组织层级之间也存在，伴随着组织层级的提高，冲突的规模会扩大，程度会激烈。（2）善良。善良是领导者的一种美德。与人为善，为人友善，遇事更多的是替对方和别人着想，"己所不欲，勿施于人"。为人善良不容易产生冲突，即使是因推进组织任务而产生冲突的诱因，也会使冲突相关人获取对善意的理解，从而包容和化解。反之，不善良的人格会使领导者工于心计，以整人和伤人为乐，会经常制造冲突，执政过程往往成为多事之秋。（3）公正。公道正派，按规矩办事，合情、合理、合法，会减少或化解冲突。西方学者把利益作为冲突的最

---

① 陈璐、杨百寅、井润田、王国锋：《家长式领导、冲突与高管团队战略决策效果的关系研究》，《南开管理评论》2010 年第 5 期，第 4—11 页。

② Mauro G，Antonio P，Arie W K. *Leaders' Fairness and Followers' Conflict Handling Style*：*The Moderating Role of Need for Cognitive Closure. International Journal of Conflict Management*，2011，22（4）：pp. 358 – 372.

重要原因之一，这是把人作为人性之人去认识，失去了利益就立即作出反应，产生冲突；实际上人在教化中大多数是理性之人，为了实现组织目标，理性人即使失去了自己应该失去的那一部分利益，但与别人比较没有受到歧视，也会欣然接受利益的损失，不会产生冲突。因此，公正是追随者对领导者的期待，也是化解冲突和保持事物平衡稳定的一个机制。（4）智慧。智慧是领导者辨析判断、发明创造能力的表现，智者不但知道组织的目标是什么，而且会巧妙地设计出一条实现组织目标的最佳路径，从而规避冲突，化解冲突。现代人往往愿与愚人打交道，在他们看来，与愚人处事踏实、安全，与智者处事有危机感。这就造就了一大批外愚内智的领导者，即所谓大智若愚，表面上什么都没看懂，实际上明察秋毫；表面上思维表达迟钝，实际上是三思而后行；表面上无所作为，实际上一切都在操控之中，这种智慧操控之下的愚人形象在实际生活中起到避免冲突、消灭冲突的作用。（5）自律。自律是领导者自我约束能力的表现，是为政之本。自我严格要求，一身正气，两袖清风，廉洁自律，威信、威望、敬畏不示自现。在现实生活中，许多冲突来自于领导者的不廉，权力在他们手中成为徇私的工具，有多大权得多大的利，从而造成组织内部的利益失衡，经过心理机制的传导，激发出紧张和对立的情绪，冲突由此产生。由此笔者提出以下假设：

假设4：领导者的品格与公共组织冲突相关，领导者品格越好，发生冲突的可能性越小。

此外，笔者认为，非正式组织政治化与公共组织冲突相关。非正式组织是指由非权力性影响聚合，由参与者自愿参加的小团体。它在任何正式组织中都存在，经常以同学会、同乡会、战友会、哥们儿帮等面目出现。非正式组织产生并长期存在的胶合物一般为：（1）共同的经历。经历一致就有共同的语言和话题，在沟通中容易产生共鸣。如果有共同患难的历史，胶合的状态将更加凝固。（2）共同的志趣。想法一致、爱好相同，就容易相处，融洽的关系把人们维系在一起，彼此之间有很强的亲和力。（3）共同的利益。一损俱损，一荣俱荣，利益的绳索把人们捆在一起。或者为了得到某种利益而结盟，或者为了共同的利益而采取一致行动，相互之间形成利益共同体。（4）共同的境遇。在一个组织中，由于竞争、领导赏识或歧视，所在的处境大体相同，也容易胶合在一起。"同是天涯沦落人"，就是不得志者在一起发出的感叹。有的境遇结盟是为了抗争，利用群体的力量改变处境和命运。非正式组织到处都有生长的土壤，公共组织中也客观存在着非正式组织，无视它们存在不行，歧视或打击它们也不行，正确的方法是引导它们，防止其政治化。否则，其组织结构会由松散变得紧密，成为一支政治力量，与正式组织相抗衡，冲突不可避免。但笔者的这个观点没有得到实证支持。

二 群体层面的冲突成因分析

在公共组织中，群体是不完全的组织，功能没有组织那样全面，职责往往是单一的，最典型的群体是公共组织中的各个部门。因此，立足于部门研究群体冲突成因，涉及的是中观组织冲突的问题。

（一）管辖权限边界不清

管辖权是对组织资源管理的权限和义务。[①] 虽然每一个公共组织都会努力去界定各部门群体的管辖权，但当组织构造和规模是一个复杂、庞大的系统时，容易出现两种情况：首先，一些群体之间的管辖权未必都能配置合理，边界之间的盲区会引起争论，产生冲突；其次，在几个部门决定相关联的事项方案时，不可能自然形成默契，意见不一致时，冲突就发生了。由此笔者提出以下假设：

假设5：管辖权限边界与公共组织冲突相关，管辖权限边界越清晰，发生冲突的可能性越低。

（二）群体核心人的导向

群体核心人是群体领袖，一般没有人事任免权，只有人事建议权；没有财、物支配权，只有使用权。在人、财、物权都没有的情况下，带领群体完成组织任务，主要依靠的是非权力性影响，即人格魅力。正因为如此，他的引导作用是很强的。群体核心人处于冲突的焦点上，既要对上级负责，又要依靠部下。对上负责，如果处理不当，则会与下级产生冲突；对下负责，如果处理不当，则会与上级产生冲突。采取不恰当的引导，会导致整个群体与组织目标、组织任务甚至组织领导人产生实质性的冲突。由此笔者提出以下假设：

假设6：群体核心人导向与公共组织冲突相关，群体核心人错误引导程度越高，发生冲突的可能性越大。

---

① 刘炜：《企业内部冲突管理研究》，经济管理出版社2010年版。

（三）群体与群体间的竞争

竞争和冲突作为组织行为的两个重要方面，都有着显著的对抗性。群体与群体间的竞争是激发组织活力、实现组织目标的重要手段。在竞争中，也一定会伴随着冲突的出现。究其原因：（1）群体之间完成组织任务的相互依赖性。相互依赖性是产生冲突的基础，[①] 这种依赖性可以划分成以下三类情形：[②] 并列式相依，指组织中部门相对独立，工作不在部门之间流动，但是为了组织的共同目标作出努力；顺序式相依，指一方的产出是另一方的投入；交互式相依，指双方互为产出投入。群体竞争中要互相依赖，容易产生配合冲突，当对方需要配合时不予积极响应，甚至掣肘时，冲突也就产生了。（2）不同群体对稀缺资源的需求。稀缺资源，是指既有限又有多种用途的资源。在竞争中，群体要依赖共同的稀缺资源，资源的有限和需求的无限之间出现了缺口，就会造成冲突。（3）群体内的任务结构。刘炜（2010）指出任务结构是指工作任务简单（常规）或复杂（非常规）化的程度。[③] 群体成员具有不同的价值观、工作态度和实际工作能力，当分派相同工作任务时，由于每个人的承担能力不同，组织又要求达到同样的标准，就产生了冲突。如果任务是复杂的，目标、解决方法和程序有待探讨，就不容易做得出色，在绩效评估中就要产生冲突。由此笔者提出以下假设：

---

① 向常春、龙立荣：《论组织冲突的哲学基础》，《自然辩证法研究》2009 年第 8 期，第 50—54 页。

② Richard L D. *Organization Theory and Design. 10th Edition*. US：South – Western College Pub，2009.

③ 刘炜：《企业内部冲突管理研究》，经济管理出版社 2010 年版。

假设7：群体之间竞争与公共组织冲突相关，竞争越激烈，发生冲突的可能性越大。

假设8：群体之间完成组织任务的相互依赖性与公共组织冲突相关，相互依赖性越强，发生冲突的可能性越大。

（四）群体成员的个性差异

邱益中（1998）的研究表明在一个群体中，有各种个性不同的成员，个性差异显著的人不容易接受对方。[①] 拜昂（Bion）（1991）指出，个性差异往往造成心理的或感性的冲突，而且通常是无意识的，这种冲突一旦引起，往往很难消除。[②] 有研究发现，群体成员的个性差异有助于提高绩效，但更容易产生冲突。在群体中，有另类成员表现出极端的个性差异特征，乐于制造冲突，有意识地扭曲信息，挑拨是非，充当"勾火人"的不雅角色。这类人越多，越展现其极端个性差异特征，群体冲突产生的频率会越高，也会越激烈。由此笔者提出以下假设：

假设9：群体成员的个性差异与公共组织冲突相关，个性差异越大，发生冲突的可能性越大。

三　个体层面的冲突成因分析

个体是公共组织的细胞。公共组织包含大量的个体活动。这是微观层面的成因，会直接导致个体与个体之间的冲突。卡

---

① 邱益中：《企业组织冲突管理》，上海财经大学出版社1998年版。

② Bion W R. *Experience in Groups.* US：Routledge，1991.

吉尔（Cargile）等人（2006）对个体层面较为常见的冲突成因进行了归纳与总结，能够对冲突产生影响的组织成员个体层面心理特征主要包括：难以调和的个体间差异、控制欲、逆反心理、恐惧、固执、嫉妒、经济利益分配、人际沟通等。[①] 总的来看，在理论研究与实践相结合的基础上综合考虑，公共组织中个体层面的冲突成因基本可以概括为以下几类：

（一）利益分配

利益冲突是人类社会最古老的冲突，也是最根本的冲突。[②] 利益作为一种资源，具有稀缺性，这就决定了人们围绕利益的冲突是不可避免的。屈恩（Kuenne）（1989）的研究表明，如果两个人的利益分配不一致，而一方又感觉对方侵犯了公平、公正的原则，就会导致冲突的发生。[③] 利益分配包括资源的调配和经济利益的取得。一方面，对个体而言，在心理的天平上，都会形成自我偏好，认为自己是最重要的，贡献是最大的，而把问题都归咎于他人；还会以自己的心理预期为标准衡量自己的利益所得，即使再多，也有不满足的感觉，即使利益是公正的分配，对分配的结果也会产生非理性的怀疑。由于分工不同，职位之间没有可比性，对贡献的大小很难准确衡量，所以，彼此对他人的怀疑和不公正的疑虑会不断加重，从而产生冲突。另一方面，对组织而言，在一些地方确实存在分配不公的问题。福利待遇上不合理的差别分配，部门私设的"小金

---

① Cargile A C, Bradac J J, Cole T. *Theories of Intergroup Conflict: A Report of Lay Attributions. Journal of Language and Social Psychology*, 2006, 25 (1): pp. 47 – 63.

② 邱益中：《企业组织冲突管理》，上海财经大学出版社1998年版。

③ Kuenne R T. *Conflict Management in Mature rivalry. Journal of Conflict Resolution*, 1989, 33: pp. 554 – 566.

库"，利用职权上的优势获取额外收益，同样会产生冲突。由
此笔者提出以下假设：

假设10：利益分配与公共组织冲突相关，利益分配越不合
理，发生冲突的可能性越大。

（二）职务晋升

职务是职位规定应承担的工作，并不完全代表权力，非领
导职务就没有权力。在公共组织中人们看重职务，是因为职务
是人生价值的体现，是公务员的最高追求。职务作为一种资
源，更具有稀缺性，不能人人都做官，要按照规定的职数配
备。作为个体总觉得自己比别人素质高，岗位匹配性强，怀疑
组织的公平公正；在组织层面也的确存在用人上的不正之风，
不能真正体现组织所规定的选用干部规则，两者都会形成强烈
的冲突。此外，由于不服气，个体与个体间也会产生心理和行
为对抗。选人用人是一个永恒的冲突课题，也在冲突中不断改
革。在中国历史上就经过分封制、世袭制、举荐制、科举制，
到现代又经历了任命制、竞争上岗制，都不是尽善尽美。民选
制程序严密，看似合理，但台湾却选出了陈水扁，一个巨贪政
客。竞争上岗程序也很严密，但考试的题库不完善，考试所涉
及的知识与职务对应性不强，取人的合理性有待商榷。上述问
题，都会是一个不断涌动的冲突源。由此笔者提出以下假设：

假设11：职务晋升竞争与公共组织冲突相关，竞争越激
烈，发生冲突的可能性越大。

（三）人际沟通

沟通是指不同个体之间信息编码、传递、解码的过程。在

沟通中，人们分享信息、思想、情感和工作成果，沟通在人际之间和组织中不可或缺。庞迪（Pondy，1967）的研究表明，在协调人际关系中，沟通至关重要，但也常常形成沟通阻滞，产生沟通无效，造成协作困难，从而产生冲突。① 信息有效沟通的一般障碍包括知觉障碍、语言障碍、逻辑障碍、抽象能力等，有以下三种情形：一是发送信息环节出现问题。发送信息者对自己想要传递的内容不能准确地进行概括和抽象，或者表达不够准确，接收者接收的不是一个清晰、确切的信息，因此产生了错误理解。二是传递环节出现问题。信息传递工具出现功能障碍，或者信息传递人有意压缩或膨胀信息，造成信息失真。三是接收环节出现问题。因接收信息者与发送信息者在思维方式、认识能力上有明显的差异，因而对信息内容产生误解。此外，接收者如果对发送者极端不信任，也会对发出的信息曲解，当信息发收双方有过不愉快的交往历史，接收者脑子里储存了许多陈旧的、过时的信息，并据此作为依据去判断和解释信息，形成思维定式，也会使沟通无效。托马斯（Thomas）等人（1983）的研究表明，一个人的语言、面部表情、肢体语言等信息也往往被错误地归因于意图，继而可能成为冲突的来源。② 沟通作为解决冲突的一个手段，也会制造冲突，当由于以上障碍影响沟通时，就出现了这样的结果。由此笔者提出以下假设：

假设12：人际沟通与公共组织冲突相关，人际沟通阻滞程

---

① Pondy L R. *Organizational Conflict：Concepts and Models. Administrative Science Quarterly*，1967，（12）：pp. 296 - 320.

② Thomas K W. Pondy L R. *Toward an "Intent" Model of Conflict Management Among Principal Parties. Human Relations*，1977，130：pp. 1089 - 1102.

度越高，发生冲突的可能性越大。

此外，笔者认为，自我冲突与公共组织冲突相关。自我冲突是指内心的思想对抗。自我冲突会产生怀疑、焦虑、忧郁的情绪，影响正常的组织行为。自我冲突形成的原因：（1）忧郁的性格。性格是指人对现实的态度和行为方式的个性心理特征。忧虑烦闷，会使人颓废。就像《红楼梦》中的林黛玉，天生的忧郁性格，遇事过于敏感，有用无用的信息全都收进脑中，多思多虑，总是往坏处想。（2）文化与现实不一致。文化作为一种意识形态，往往在激励人们健康向上的时候，在人们的头脑中勾画出一幅理想的图景，并教化人们按照理想的行为规范去做，但现实与理想之间总有一定距离。宣传人要与人为善，但与人为恶的现象比比皆是；宣传人要谦卑，但身处一个充满竞争的社会；宣传人成功要靠奋斗，但许多成功的背后是投机取巧；宣传人是自由的，但实际上要受到各种限制。这种文化和现实的矛盾会使个体产生诸多心理冲突。（3）角色的不同要求。在现实生活中，每一个人扮演的不是一种角色：是上级，同时又是上级的下级；是父亲，同时又是父亲的儿子；在职场上是处长、司长，在家里又是普通家庭成员。人总是在各种角色中进行转换，受到角色限制，人要做出各种各样的行为，其中有些是不能相容共生的，A角色要求你要这样，而B角色又要求你不要这样，甚至要求做出相反的行为，这就会引起内心的冲突，处于难以取舍的困境。但是笔者的这个观点没有得到实证支持。

四　公共组织冲突的环境影响分析

组织、群体、个体层面冲突是形成公共组织冲突的内在原因，即公共组织冲突成因的内部规定性。同时也有学者指出，社会情境是冲突成因的构成要素之一[①]，这就意味着冲突也会受外部环境的影响，抽象的外部环境可以具体归纳为：

（一）形成冲突的氛围

氛围是指组织周围的气氛和情调。组织被冲突的氛围所笼罩，形成了冲突一触即发，一点小事也会演变成大事的冲突气氛。包括：（1）社会风气恶化。不正之风盛行，社会相当一部分领域处于无序状态，人们办什么事都要付出很高的成本，民怨沸腾，组织结构变得非常脆弱，情绪化的组织成员的火气随时都可能宣泄出来。（2）组织被外部冲突包围。如果组织周边充斥着各种矛盾，组织内的冲突就不能幸免，外部矛盾会通过传导机制，从各个管道涌入到组织之中。外部冲突与内部冲突互生共融，交替演化，外部冲突进行"本土化"演进，成为组织内部冲突，组织内部冲突也可能发生外溢，演化成社会冲突。（3）冲突有利形成公理。冲突有利是指可以从刻意制造的人为冲突中获利。社会成员普遍对冲突有利的观点持认同态度时所对应的情形即冲突有利形成公理。冲突受到社会激励，与公共组织对立没有利益损失，只有利益所得，上访、告状、无

[①] Korsgaard M A, Jeong S S, Mahony D M, Pitariu A H. *A Multilevel View of Intragroup Conflict. Journal of Management*, 2008, 34 (6): pp. 1222 – 1252.

理取闹现象就会盛行。冲突利益人把上访、告状作为职业，无事生非，无限递加，直到公共组织屈服、自身取得预期额外收益为止。由此笔者提出以下假设：

假设13：外部环境与公共组织冲突相关，外部条件越恶化，发生冲突的可能性越大。

（二）传统文化的影响

传统文化是指文明经过演化而汇集成的反映民族特质与民族风貌的文化，其表征了民族历史上的各种观念形态和思想文化。沃尔（Wall）和卡利斯（Callister）（1995）的研究结果表明，社会中的任何争端都要受到传统文化价值、历史、政治或社会组织等方面因素的影响。[①] 蔡（Cai）和冈萨雷斯（Gonzalez）（1997）通过研究发现，冲突的产生和处理在不同文化情境下会存在一定的差异[②]。汀斯利（Tinsley）（1997）则指出，中国传统文化所独有的特质会使中国人组织中发生的冲突行为和处理方式具有不同于其他民族的特点[③]。

中国传统文化薪火相传，已经深深地印在人们的脑海里。传统文化的主流是积极成分，但也有消极成分，产生消极作用，造成冲突：（1）讲面子。面子是中国人所特有的心理需求，其对中国人的重要性在理论界已获得较为一致的认同[④]。

[①] Wall J A, Callister R R. *Conflict and its Management. Journal of Management*, 1995, 21 (3): pp. 515 – 558.

[②] Cai B, Gonzalez A. *The Three Gorges Project*: *Technological Discourse and the Resolution of Competing Interests. Intercultural Communication Studies*, 1997, 7: pp. 101 – 111.

[③] Tinsley C H. *Understanding Conflict in a Chinese Cultural Context*, *Research on Negotiation in Organizations*. 1997, 6: pp. 209 – 225.

[④] 赵卓嘉：《团队内部人际冲突、面子对团队创造力的影响研究》，学位论文，浙江大学2009年。

不要权力，不要利益，就要面子。面子是一种自尊心理，在具体环境中，可能是一个场面的加入，一个声音的回应，一句主动的问候，就满足了颜面需求。不同个体对面子有着不同的需求，具体表现在对面子需求的强度和类型差异上①。面子需求满足度越低，产生冲突的可能性越大。中国情境下，冲突也会被视为典型的面子事件，从某种程度上讲，中国人的冲突管理也是面子管理②。（2）讲交情。交情具有对象的选择性，结交不是盲目的，结交对象需具有诚信、可以寄托、需要的时候可以帮忙的特质。交情可以作为情感遗产留给后代，并延续光大。矢量是既有大小又有方向的量，与矢量相对的是只有大小而没有方向的标量。交情和感情并非组织中某一个体所独自产生的无方向性心理活动，交情和感情都必须有相应的目标对象，因此可以把交情和感情都看作是矢量。但交情又不同于感情，二者的区别在于，感情矢量可以是双向的，也可以是单向的，而交情矢量必须是双向的，是一种交互的情感，反映了一种交换关系。在人们的观念中，交情是一个恒等式，也是交情双方形成的心理默契，谁也不能违背。情感契约违约率越高，冲突产生的可能性越大。（3）掐尖儿。掐尖儿是指由于妒贤嫉能等原因，对表现突出的人才进行打压排挤的现象。掐尖儿是一种"中庸"文化的表现。在组织中，每个人的地位相对固定，如果变化，也要具备传统的认同。这是一种均衡，打破均衡就会群起而攻之，枪打出头鸟，人们在掐尖儿上能够达成共

① 宝贡敏、赵卓嘉：《面子需要概念的维度划分与测量：一项探索性研究》，《浙江大学学报（人文社会科学版）》2009年第2期，第83—90页。
② 赵卓嘉、宝贡敏：《知识团队内部任务冲突的处理：感知面子威胁的中介作用研究》，《浙江大学学报（人文社会科学版）》2011年第1期，第187—200页。

识。掐尖儿行为是组织活力的破坏力量，是创新的敌人。因此，不能无视这种文化衍生物的存在，而要研究其规律和对策。从现实看，保守均衡越不稳固，冲突产生的可能性越大。（4）哥们儿义气。这是儒家"义"的信条在人际关系中的一个具体反映，关圣帝关羽就是这一信条的化身，也是中华民族的一个崇拜偶像。在现代，人们多将"义"字信条供奉于非正式组织之中，一些非正式组织维系的纽带正源于此。在这里，个体行为失去了原则，只有"义"字的驱使，"为朋友两肋插刀"、"哥们儿的事就是我的事"，任何一个个体的冲突，都会引起群体的反应。这种关系群体越活跃，冲突显现的概率越高。由此笔者提出以下假设：

假设14：传统文化消极影响与公共组织冲突相关，传统文化的消极因素影响越大，发生冲突的可能性越大。

从实证结果看，传统文化消极影响中的"掐尖儿"对公共组织冲突的影响最为显著，其他方面影响相对较弱。

此外，笔者认为，外部环境产生冲突的条件与公共组织冲突相关。条件是指事物存在、发展的影响因素。条件是产生冲突的温室，一旦冲突的种子有了相应的发育条件，就会萌发、成长、破土而出。冲突条件主要包含：（1）外部条件反射。冲突也符合巴甫洛夫条件反射原理，当人们读取外部信息时，会受到刺激并作出反应，对外部劣于自身的条件产生逆反心理，产生正效应，增强对组织的认同度；对外部优于自身的条件产生期盼心理，产生负效应，减弱对组织的认同度。随着外部条件的不断刺激，效应的能量会不断增强，当负效应能量聚集到一定程度之后，遇到内部因素产生，就会引爆冲突。（2）局外人介入。如果存在着组织之间的冲突，客观上就有了心怀敌意的局外人。作为一种博弈,局外人希望对立的组织内部产生冲突,以便在组织间的冲突中占有优势,于是,就会介入到对立组织之内进行搅局。局外人介入的具体方式是在对立组织中寻找代理人,在其身上植入自身的价值观,形成对立组织的反对力量。(3) 社会管理弱化。社会管理是指政府和社会组织为促进社会系统稳定与协调运转,对社会系统各组成部分及社会发展各环节进行组织、协调、监督和控制的过程。社会管理弱化的直接结果是使社会处于无序状态,不断地积累社会矛盾。组织是社会里的组织,内部成员都有着双重身份,既是组织成员,又是社会成员,既在参加组织活动,也在参加社会活动,会把社会矛盾的情绪因子带到组织中来,从而为组织冲突埋下伏笔,当组织内部产生冲突的诱因时,社会冲突会与组织冲突互相作用,加速成长。非常遗憾,实证并不支持上述观点。

五　公共组织冲突成因实证分析

(一) 公共组织冲突成因

在总结国内外学者有关组织冲突成因相关理论研究的基础上,本研究结合我国公共组织的实际特点和自身的工作经验,提出了 17 项可能引发组织层面、群体层面、个体层面冲突成因及环境从哪几个方面对组织冲突产生影响,这些成因基本上代表了我国公共组织成员在日常工作中可能会遇到的各种冲突成因。本研究采用均值比较的方法,对 364 份有效问卷进行处理,得到各种成因的均值,按照均值大小进行排序,排序结果见表 4—1。从表 4—1 可以看出,本书提出的组织、群体、个体和环境影响四个维度冲突成因得到了实证支持。

表4—1 冲突成因排序表

层面	冲突成因	最小值	最大值	均值	标准差
组织层面	制度设计不合理	1	5	4.0055	0.9506
	权力分配失衡	1	5	3.7500	1.0315
	非正式组织政治化	1	5	3.3544	1.1076
	领导者的品格有问题	1	5	3.2582	1.1896
	二把手权力太大	1	5	2.6648	1.1843
	其他	1	5	3.2170	0.8363
群体层面	管辖权限边界不清	1	5	4.1868	0.8645
	群体核心人物错误引导	1	5	3.9368	0.9980
	群体与群体竞争	1	5	3.9231	0.8812
	群体成员的个性差异	1	5	3.6593	0.9267
	其他	1	5	3.3242	0.7956
个体层面	利益分配不合理	1	5	4.2747	0.9279
	职务晋升竞争	1	5	4.2280	0.8657
	人际沟通不畅	1	5	4.1566	0.8132
	自己跟自己过不去	1	5	3.1319	1.1567
	其他	1	5	3.3049	0.8184
环境对冲突产生影响	形成冲突的氛围	1	5	4.1456	0.8119
	产生冲突的条件	1	5	4.1099	0.8901
	传统文化的影响	1	5	3.9478	0.8431
	其他	1	5	3.4451	0.8559

（二）对所提出假设的实证分析

假设2：组织制度的公平程度、效率水平与公共组织冲突相关。

2a：组织制度越公平，发生冲突的频率越低；

2b：组织制度效率水平越高，发生冲突的频率越高。

根据调查问卷的统计结果，在对题目2—4—1（调查问卷第二部分第4题第1问，下同）组织制度设计应坚持的公平原则与题目1—9（调查问卷第一部分第9题，下同）个人冲突发生的频率进行相关性分析时，相关系数为－0.107，显著性水平为0.042，小于0.05，表明二者显著负相关，即调查对象对题目2—4—1的打分越高，其越倾向于选择题目1—9中标号越小的选项。同时从表4—2和图4—2中可以看出，大部分认为冲突发生频率较低的调查对象同时也认为组织制度设计应坚持公平的原则，即组织制度设计越公平，个人冲突发生的频率越低。同样，根据调查问卷的统计结果，在对题目2—4—2与题目1—9进行相关性分析时，相关系数为0.148，显著性水平为0.005，小于0.05，表明二者显著正相关，即调查对象对题目2—4—2的打分越高，其越倾向于选择题目1—9中标号越大的选项，即组织制度效率水平越高，个人冲突发生的频率越高。

表4—2　组织制度设计的公平原则与个人冲突发生频率相关性分析表

1—9：您所在单位中个人冲突发生的频率是：		累计数			
5. 几乎每天发生	5	0	1	1	4	7
4. 几乎每周发生	4	0	1	3	5	32
3. 一般每个月发生	3	1	0	2	6	27
2. 一个月才发生一次	2	2	1	4	11	92
1. 一年都难得发生一次	1	2	0	1	30	131
	打分	1	2	3	4	5
题目	2—4—1：组织制度设计应坚持公平原则					

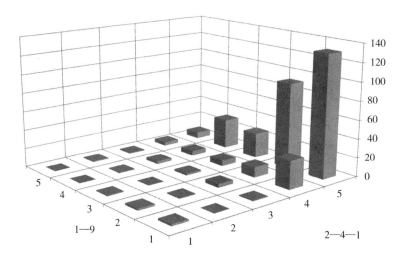

图4—2 组织制度设计的公平原则与个人冲突发生频率相关性直方图

根据调查问卷的统计结果，在对题目2—4—1与题目1—10进行相关性分析时，相关系数为－0.104，显著性水平为0.048，小于0.05，表明二者显著负相关，即调查对象对题目2—4—1的打分越高，其越倾向于选择题目1—10中标号越小的选项，同时从表4—3和图4—3中可以看出，大部分认为冲突发生频率较低的调查对象同时也认为组织制度设计坚持公平的原则，即组织制度设计的越公平，部门冲突发生的频率越低。同样，根据调查问卷的统计结果，在对题目2—4—2与题目1—10进行相关性分析时，相关系数为0.168，显著性水平为0.001，小于0.05，表明二者显著正相关，即调查对象对题目2—4—2的打分越高，其越倾向于选择题目1—10中标号越大的选项，即组织制度效率水平越高，部门冲突发生的频率越高。

表4—3　组织制度设计的公平原则与部门冲突发生频率相关性分析表

1—10：您所在单位中部门冲突发生的频率是：	累计数				
5. 几乎每天发生	5	0	0	2	1	8
4. 几乎每周发生	4	0	1	1	5	19
3. 一般每个月发生	3	1	2	1	10	36
2. 一个月才发生一次	2	1	0	7	11	81
1. 一年都难得发生一次	1	3	0	0	29	145
	打分	1	2	3	4	5
题目	2—4—1：组织制度设计应坚持公平原则					

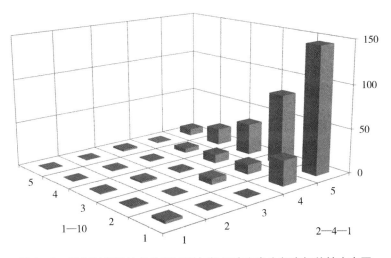

图4—3　组织制度设计的公平原则与部门冲突发生频率相关性直方图

假设3：权力结构与公共组织冲突相关，权力结构失衡度越高，发生冲突的可能性越高。

根据调查问卷的统计结果，在对题目2—1—2权力分配失衡与题目1—16进行相关性分析时，相关系数为0.166，显著性水平为0.001，小于0.05，表明二者显著正相关，即调查对象对题目2—1—2的打分越高，其越倾向于选择题目1—16中标号越大的选项，同时从表4—4和图4—4中可以看出，大部分认为公共组织冲突客观存在的调查对象同时也认为权力分配失衡会导致组织层面的冲突产生，这意味着权力分配失衡是导致公共组织冲突的重要原因。

表4—4 　　　　　　　　　　权力分配与冲突相关性分析表

1—16：有人认为，组织内部冲突是客观存在，难以消除的：		累计数				
5. 同意	5	1	9	27	53	48
4. 比较同意	4	8	13	31	54	25
3. 不清楚	3	0	0	7	7	13
2. 不太同意	2	2	5	18	10	7
1. 不同意	1	0	2	14	6	4
	打分	1	2	3	4	5
题目		2—1—2：组织层面冲突产生的原因：2. 权力分配失衡 2—1—2：组织层面冲突产生的原因：2. 权利分配失衡				

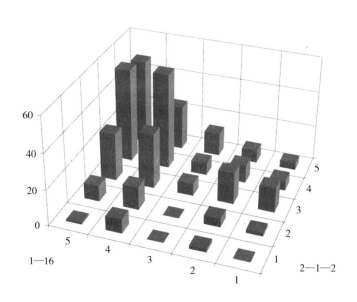

图4—4　权力分配与冲突相关性直方图

假设4：领导者的品格与公共组织冲突相关，领导者品格越好，发生冲突的可能性越小。

根据调查问卷的统计结果，在对题目2—1—1领导者品格与题目1—16进行相关性分析时，相关系数为0.142，显著性水平为0.007，小于0.05，表明二者显著正相关，即调查对象对题目2—1—1的打分越高，其越倾向于选择题目1—16中标号越大的选项，同时从表4—5和图4—5中可以看出，大部分认为公共组织冲突客观存在的调查对象同时也认为领导者品格有问题会导致组织层面的冲突产生，这意味着领导者的品格是影响公共组织冲突的次要因素，良好的领导品格会减少冲突的发生。

表4—5　　　　　　　　　**领导者品格与冲突相关性分析表**

1—16：有人认为，组织内部冲突是客观存在，难以消除的：	累计数					
5. 同意	5	12	19	29	49	29
4. 比较同意	4	16	20	38	48	9
3. 不清楚	3	1	1	9	5	11
2. 不太同意	2	7	6	16	7	6
1. 不同意	1	1	9	13	2	1
	打分	1	2	3	4	5
题目		2—1—1：组织层面冲突产生的原因：1. 领导者的品格有问题				

假设5：管辖权限边界与公共组织冲突相关，管辖权限边界越清晰，发生冲突的可能性越低。

根据调查问卷的统计结果，在对题目2—6—3管辖权限边界与题目1—16进行相关性分析时，相关系数为0.217，显著性水平为0.000，小于0.05，表明二者显著正相关，即调查对象对题目2—6—3的打分越高，其越倾向于选择题目1—16中

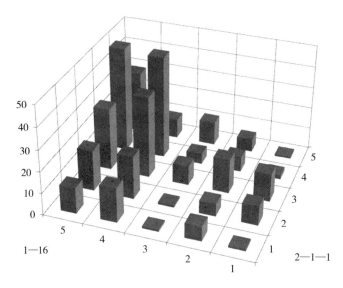

图4—5　领导者品格与冲突相关性直方图

标号越大的选项。同时从表4—6和图4—6中可以看出，大部分认为公共组织冲突客观存在的调查对象同时也认为管辖权限边界不清会导致群体层面的冲突，这意味着管辖权限边界划分是影响公共组织冲突的主要原因，管辖权限边界越清晰，冲突发生的频率越低。

表4—6　　　　　　　管辖权限边界与冲突相关性分析表

1—16：有人认为，组织内部冲突是客观存在，难以消除的：		累计数			
5. 同意	5	0	1	17	43	77
4. 比较同意	4	2	4	19	56	50
3. 不清楚	3	0	1	6	12	8
2. 不太同意	2	1	2	12	12	15
1. 不同意	1	0	1	9	8	8
	打分	1	2	3	4	5
题目	2—6—3：群体（可以理解为部门）层面冲突产生的原因： 3. 管辖权限边界不清					

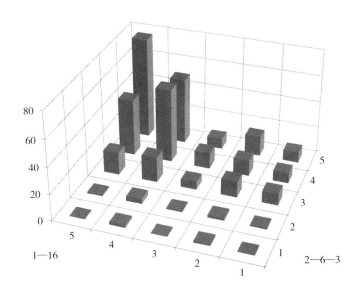

图4—6 管辖权限边界与冲突相关性直方图

假设6：群体核心人导向与公共组织冲突相关，群体核心人错误引导程度越高，发生冲突的可能性越大。

根据调查问卷的统计结果，在对题目2—6—1群体核心人导向与题目1—16进行相关性分析时，相关系数为0.171，显著性水平为0.001，小于0.05，表明二者显著正相关，即调查对象对题目2—6—1的打分越高，其越倾向于选择题目1—16中标号越大的选项。同时从表4—7和图4—7中可以看出，大部分认为公共组织冲突客观存在的调查对象同时也认为群体核心人错误引导会引发冲突发生。

表4—7　　　　　　　群体核心人导向与冲突相关性分析表

1—16：有人认为，组织内部冲突是客观存在，难以消除的：		累计数				
5. 同意	5	2	9	16	45	66
4. 比较同意	4	1	13	32	51	34
3. 不清楚	3	1	0	6	15	5
2. 不太同意	2	1	1	13	13	14
1. 不同意	1	2	1	12	5	6
	打分	1	2	3	4	5
题目		2—6—1：群体（可以理解为部门）层面的冲突产生原因：1. 群体核心人错误引导				

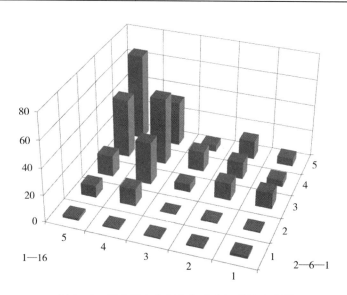

图4—7　群体核心人导向与冲突相关性直方图

　　假设7：群体之间竞争与公共组织冲突相关，竞争越激烈，发生冲突的可能性越大。

　　根据调查问卷的统计结果，在对题目2—6—2群体之间竞争与题目1—16进行相关性分析时，相关系数为0.164，显著性水平为0.002，小于0.05，表明二者显著正相关，即调查对象对题目

2—6—2 的打分越高，其越倾向于选择题目 1—16 中标号越大的选
项。同时从表 4—8 和图 4—8 中可以看出，大部分认为公共组织冲
突客观存在的调查对象同时也认为群体与群体竞争会导致组织层
面的冲突产生，竞争越激烈，发生冲突的可能性越大。

表4—8　　　　　　　　　群体间竞争与冲突相关性分析表

1—16：有人认为，组织内部冲突是客观存在，难以消除的：	累计数				
5. 同意	5	0	7	17	62	52
4. 比较同意	4	1	8	36	57	29
3. 不清楚	3	0	0	6	15	6
2. 不太同意	2	2	3	16	14	7
1. 不同意	1	0	0	9	10	7
	打分	1	2	3	4	5
题目	2—6—2：群体（可以理解为部门）层面的冲突产生原因：2. 群体与群体竞争					

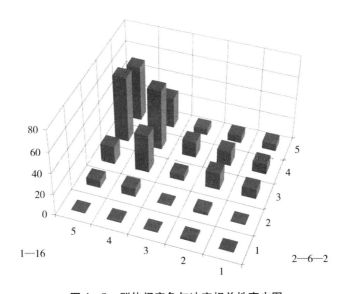

图4—8　群体间竞争与冲突相关性直方图

假设8：群体之间完成组织任务的相互依赖性与公共组织冲突相关，相互依赖性越强，发生冲突的可能性越大。

根据调查问卷的统计结果，在对题目2—7—1群体之间完成组织任务的相互依赖性与题目1—16进行相关性分析时，相关系数为0.150，显著性水平为0.004，小于0.05，表明二者显著正相关，即调查对象对题目2—7—1的打分越高，其越倾向于选择题目1—16中标号越大的选项。同时从表4—9和图4—9中可以看出，大部分认为公共组织冲突客观存在的调查对象同时也认为群体之间完成任务的相互依赖性强会引发群体层面冲突。

表4—9　群体之间完成组织任务的相互依赖性与冲突相关性分析表

1—16：有人认为，组织内部冲突是客观存在，难以消除的：		累计数				
5. 同意	5	0	7	25	58	48
4. 比较同意	4	2	10	34	57	28
3. 不清楚	3	1	1	6	13	6
2. 不太同意	2	0	2	19	15	6
1. 不同意	1	0	3	9	6	8
	打分	1	2	3	4	5
题目	2—7—1：群体与群体间产生冲突的原因：1. 群体之间完成组织任务的相互依赖性					

假设9：群体成员的个性差异与公共组织冲突相关，个性差异越大，发生冲突的可能性越大。

根据调查问卷的统计结果，在对题目2—6—4群体成员的个性差异与题目1—16进行相关性分析时，相关系数为0.112，显著性水平为0.033，小于0.05，表明二者显著正相关，即调查对象对题目2—6—4的打分越高，其越倾向于选择题目1—

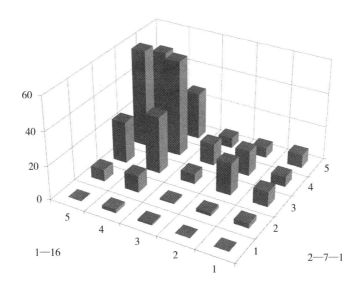

图4—9　群体之间完成组织任务的相互依赖性与冲突相关性直方图

16 中标号越大的选项。同时从表 4—10 和图 4—10 中可以看出，大部分认为公共组织冲突客观存在的调查对象同时也认为群体成员的个性差异是影响公共组织冲突的次要原因，群体成员的个性差异越大，越容易引发冲突。

表4—10　　　　　　**群体成员个性差异与冲突相关性分析表**

1—16：有人认为，组织内部冲突是客观存在，难以消除的：		累计数				
5. 同意 4. 比较同意 3. 不清楚 2. 不太同意 1. 不同意	5	2	10	37	59	30
	4	1	14	36	62	18
	3	1	1	7	6	12
	2	2	3	19	16	2
	1	1	0	14	7	4
	打分	1	2	3	4	5
题目		2—6—4：群体（可以理解为部门）层面冲突产生的原因：4. 群体成员的个性差异				

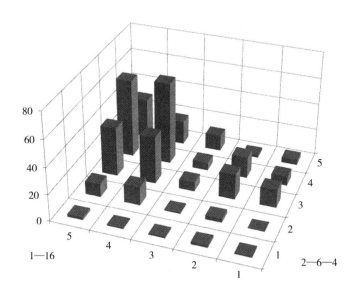

图4—10   群体成员个性差异与冲突相关性直方图

假设10：利益分配与公共组织冲突相关，利益分配越不合理，发生冲突的可能性越大。

根据调查问卷的统计结果，在对题目2—8—1利益分配与题目1—16进行相关性分析时，相关系数为0.225，显著性水平为0.000，小于0.05，表明二者显著正相关，即调查对象对题目2—8—1的打分越高，其越倾向于选择题目1—16中标号越大的选项。同时从表4 11和图4 11中可以看出，大部分认为公共组织冲突客观存在的调查对象同时也认为利益分配不合理会引发冲突，这意味着利益分配是影响公共组织冲突的主要原因，合理的利益分配会减少冲突的发生，利益分配不合理会增加发生冲突的可能性。

1—16：有人认为，组织内部冲突是客观存在，难以消除的：		累计数				
5. 同意	5	1	0	10	38	89
4. 比较同意	4	8	1	8	59	55
3. 不清楚	3	2	0	0	13	12
2. 不太同意	2	1	2	9	13	17
1. 不同意	1	0	1	9	9	7
	打分	1	2	3	4	5
题目		2—8—1：个体层面的冲突产生原因：1. 利益分配不合理				

表4—11　　　　　　　　利益分配与冲突相关性分析表

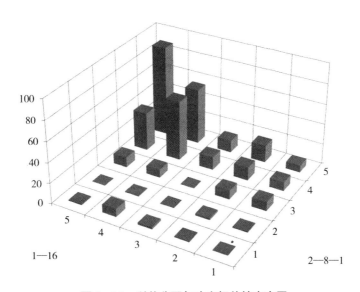

图4—11　利益分配与冲突相关性直方图

假设11：职务晋升竞争与公共组织冲突相关，竞争越激烈，发生冲突的可能性越大。

根据调查问卷的统计结果，在对题目2—8—2职务晋升竞争与题目1—16进行相关性分析时，相关系数为0.186，显著性水平为0.000，小于0.05，表明二者显著正相关，即调查对象对题目2—8—2打分越高，其越倾向于选择题目1—16中标号越大的选项。同时从表4—12和图4—12中可以看出，大部分认为公共组织冲突客观存在的调查对象同时也认为职务晋升竞争会导致冲突的产生，这意味着职务晋升竞争是影响公共组织冲突的重要原因，竞争越激烈，发生冲突的可能性越大。

表4—12　　　　　　　　　职务晋升竞争与冲突相关性分析表

1—16：有人认为，组织内部冲突是客观存在，难以消除的：		累计数				
5. 同意	5	0	3	12	46	77
4. 比较同意	4	4	4	15	56	52
3. 不清楚	3	0	0	2	11	14
2. 不太同意	2	1	1	8	20	12
1. 不同意	1	0	1	10	7	8
	打分	1	2	3	4	5
题目		2—8—2：个体层面的冲突产生原因：2. 职务晋升竞争				

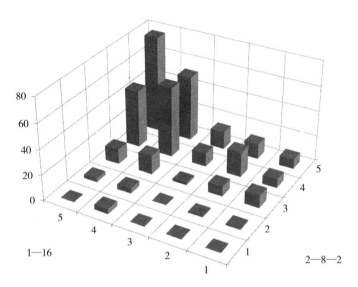

图4—12　职务晋升竞争与冲突相关性直方图

假设 12：人际沟通与公共组织冲突相关，人际沟通阻滞程度越高，发生冲突的可能性越大。

根据调查问卷的统计结果，在对题目 2—8—3 人际沟通与题目 1—16 进行相关性分析时，相关系数为 0.229，显著性水平为 0.000，小于 0.05，表明二者显著正相关，即调查对象对题目 2—8—3 的打分越高，其越倾向于选择题目 1—16 中标号越大的选项。同时从表 4—13 和图 4—13 中可以看出，大部分认为公共组织冲突客观存在的调查对象同时也认为人际沟通不畅会导致个体层面冲突的产生，这意味着人际沟通是影响公共组织冲突的次要原因，良好的沟通会减少公共组织冲突的发生，人际沟通阻滞程度越高，发生冲突的可能性越大。

表4—13　　　　　　　　　人际沟通不畅与冲突相关性分析表

1—16：有人认为，组织内部冲突是客观存在，难以消除的：		累计数			
5. 同意	5	0	2	13	53	70
4. 比较同意	4	0	5	22	60	44
3. 不清楚	3	0	0	5	11	11
2. 不太同意	2	2	0	13	21	6
1. 不同意	1	0	0	10	7	9
	打分	1	2	3	4	5
题目		2—8—3：个体层面的冲突产生原因：3. 人际沟通不畅				

假设 13：外部环境与公共组织冲突相关，外部条件越恶化，发生冲突的可能性越大。

根据调查问卷的统计结果，在对题目 2—13—1 社会风气恶化与题目 1—16 进行相关性分析时，相关系数为 0.118，显著性水平为 0.024，小于 0.05，表明二者显著正相关，即调查

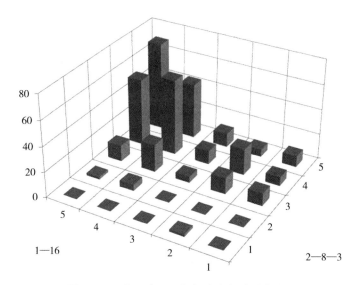

图4—13　人际沟通不畅与冲突相关性直方图

对象对题目 2—13—1 的打分越高，其越倾向于选择题目 1—16
中标号越大的选项。同时从表 4—14 和图 4—14 中可以看出，大
部分认为公共组织冲突客观存在的调查对象同时也认为社会风气
恶化会形成冲突氛围，这意味着社会风气恶化是影响公共组织冲
突的主要原因，外部条件越恶化，发生冲突的可能性越大。

表4—14　　　　　　社会风气恶化与冲突相关性分析表

1—16：有人认为，组织内部冲突是客观存在，难以消除的：	累计数				
5. 同意	5	1	2	7	47	81
4. 比较同意	4	3	6	12	66	44
3. 不清楚	3	1	0	1	11	14
2. 不太同意	2	0	2	10	14	16
1. 不同意	1	0	1	4	8	13
	打分	1	2	3	4	5
题目	2—13—1：从组织冲突的环境影响分析，影响冲突氛围形成的因素包括：1. 社会风气恶化					

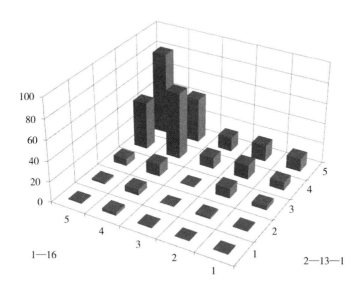

图4—14 社会风气恶化与冲突相关性直方图

假设14：传统文化消极影响与公共组织冲突相关，传统文化的消极因素影响越大，发生冲突的可能性越大。

根据调查问卷的统计结果，在对题目2—14—1过于出头与题目1—16进行相关性分析时，相关系数为0.174，显著性水平为0.001，小于0.05，表明二者显著正相关，即调查对象对题目2—14—1的打分越高，其越倾向于选择题目1—16中标号越大的选项。同时从表4—15和图4—15中可以看出，大部分认为公共组织冲突客观存在的调查对象同时也认为过于出头会导致冲突的发生，这意味着传统文化会影响冲突的发生，传统文化的消极因素影响越大，发生冲突的可能性越大。

表4—15   过于出头与冲突相关性分析表

1—16：有人认为，组织内部冲突是客观存在，难以消除的：	累计数				
5. 同意	55	3	8	21	51	55
4. 比较同意	4	3	7	25	64	32
3. 不清楚	3	1	1	6	12	7
2. 不太同意	2	3	2	13	14	10
1. 不同意	1	2	1	10	8	5
	打分	1	2	3	4	5
题目	2—14—1：从组织冲突的环境影响分析，传统文化的影响包括：1. 过于出头成众矢之的					

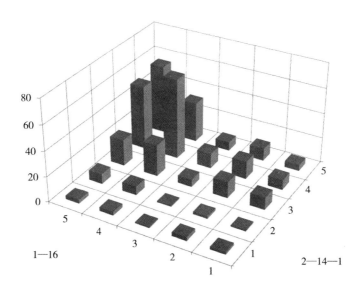

图4—15   过十出头与冲突相关性直方图

六   小   结

本章依托哲学、组织行为学和冲突管理理论，利用经验研究与实证研究相结合、西方理论借鉴与中国情境化研究相结合的方法，对中国情境下的组织、群体、个体三个层面的公共组织冲突成因进行了分析，运用调查问卷实证方法对提出的关于公共组织冲突成因的假设进行了实证。在明确公共组织的内部规定性是公共组织冲突形成的主导因素前提下，指出冲突也会受外部环境影响，并从形成冲突的氛围、产生冲突的条件、传统文化的影响三个方面，对公共组织冲突的环境影响进行了分析和实证。

第五章　公共组织冲突管理

一　研究方法

按照归纳研究的规范，公共组织冲突管理采取案例分析的方法，借以构建冲突诊断和处理模型。通过这个模型，我们可以找到冲突类型、冲突诊断和冲突处理间的关系，从而探寻冲突演进机理与管理方法间的内在规律。

公共组织冲突充斥在人们的现实生活中，多如牛毛，问题是我们如何获取它，获取到的案例是否具有典型性，是否可以以此为材料，构建起冲突诊断和处理模型。为此，笔者充分利用经历资源，梳理在各级公共组织工作期间所结识朋友的电话号码，进行分类和理论抽样，然后进行访谈，距离近的就找他们面谈，距离远的就进行电话访谈。交谈是开放、互动式的，是轻松的、有深度的探讨，保证了获取的资料满足理论构建的需要。由于是朋友间谈话，说起的又都是往事，因此，谈话气氛融洽、无拘无束，所获取的资料具有可靠性。笔者还按照上述方法，发动笔者的朋友，对朋友的朋友进行访谈。通过上述两种方法，一共获得了 173 条信息资料。这样，笔者就有

了足够的案例来进行筛选，最后，选择 22 个案例（见表 5—1）
来进行理论构建。

　　数据搜集和分析依照了扎根理论的构建技术，案例内的资
料分析包括了五个步骤：建立文本、发展编码类别、指出相关
主题、资料聚焦与检定假设、描绘深层结构。由于笔者进行的
是多案例研究，需要案例间的比较，了解跨案例间的联系；由
于笔者所研究的理论是基于不同类型的冲突所采取的不同诊断
和处理方法，因此，笔者根据研究角度和类别，将搜集到的案
例进行分类，并比较类别内的案例异同。通过以上工作，形成
了一个系统的对数据的解释。笔者先是基于已有的理论形成一
个理论框架，然后在已获取得的数据和理论框架之间进行思
考、加工，伴随着资料的增加，来自文献的理论预期不断地被
增删和修正。通过资料分析，针对各项构念的证据得以持续复
核，横跨各案例的逻辑关系得以复现。

　　在资料搜集、资料分析和案例研究的过程中，始终遵循科
学研究的法则，力求保证案例具有科学性。通过查阅内部资
料、关于冲突的案例通报和报道等，进行三角验证，获取案例
的构念效度；通过类型比对，建立解释和时间序列分析，获取
案例的内部效度。与此同时，为了保证一个具体案例的一致
性，在访谈某个人之后，几天后我再打电话给他，让他复述上
一次所提供冲突案例发生、诊断、处理过程；有时，我也会找
来几个不熟悉理论框架的同事与我一起对所获取的资料进行复
核、验证，从而获取案例的信度。

　　公共组织冲突诊断和处理模型是对案例的理论抽象，也是
对案例的深入剖析和解读，在对案例的剖析和解读过程中，笔
者观察到了案例所表现出的冲突类型与冲突诊断、冲突处理间

的规律。公共组织冲突诊断和处理理论建立在具体的事实之上，表5—1所展示的就是事实与理论间的内在联系。知道了这种内在联系，就可以对笔者所建立的理论有一个更清晰的理解。

表5—1　　　　　　　　　公共组织冲突管理案例表

序号	冲突主体	冲突成因	冲突类型	冲突诊断方法	冲突处理方法
1	公共组织领导个体与请托者个体	利益分配	潜在	推论法	消除冲突构件
2	公共组织领导个体内心冲突	自我冲突	潜在	推论法	消除冲突构件
3	公共组织与组织内部成员	利益分配	潜在	换位法	创造得失平衡
4	公共组织领导团队个体与个体	权力结构	潜在	推论法	建立共同价值观
5	公共组织领导个体与组织内成员个体	制度设计	萌芽	测温法	转换冲突相关人认知
6	公共组织内部群体与群体	群体之间竞争	萌芽	测温法	把冲突变为积极因素
7	公共组织领导团队个体与个体	权力分配	萌芽	投石法	推迟冲突发生时间
8	公共组织领导个体与工作对象个体	人际沟通	萌芽	测温法	改变冲突发生地点
9	公共组织领导团队个体与个体	管辖权边界不清	萌芽	测温法	变换冲突角色
10	公共组织领导团队个体与个体	权力分配	显现	观察法	疏导式解决法
11	公共组织与非正式组织	传统文化消极因素影响	显现	观察法	冲击式解决法

序号	冲突主体	冲突成因	冲突类型	冲突诊断方法	冲突处理方法
12	公共组织工作对象与工作对象	人际沟通	显现	观察法	冷却式解决法
13	公共组织与非正式组织核心人	群体核心人导向	显现	观察法	转移式解决法
14	公共组织领导个体与工作对象个体	领导者品格	显现	观察法	妥协式解决法
15	公共组织领导个体与非正式组织	非正式组织政治化	显现	调研法	拔点式解决法
16	公共组织与工作对象群体	利益分配	显现	调研法	分解式解决法
17	公共组织与工作对象群体	利益分配	显现	调研法	正面进攻式解决法
18	公共组织领导团队个体与个体	群体成员个性差异	显现	观察法	迂回包抄式解决法
19	公共组织领导与组织内成员个体	群体成员个性差异	显现	观察法	利用冲突解决冲突
20	公共组织与工作对象个体	利益分配	显现	调研法	第三方干预
21	公共组织与工作对象群体	产生冲突的条件	显现	调研法	谈判
22	公共组织与工作对象群体	形成冲突的氛围	显现	调研法、观察法	武力解决

二　案例

　　以下，是经过取舍和整理的访谈录，每一个访谈录都构成了一个完整的案例。为了表达简洁、方便，案例描述保留了访谈录的风格和原貌，采取了第一人称的写法，"我"是被访者，与作者无关。

案例1：拒礼的苦衷

现在，有人认为是当官的就是贪财的，你知道，事实并非如此。谁都知道没有无缘无故的爱，也没有无缘无故的恨。给你送礼，就是要求你办事，你肯定不会收；不收，人们会理解拒绝给办事。若是遇到个君子，也就算了；如果遇到个小人，你就糟了。他会到处说你胃口大得不得了，小钱不看在眼里，说不定还会给你写黑信。怎么办呢？你要在那沓钱里拿出几张，再返给差不多的东西，或者把钱收下，明天人家有大事小情的时候再送回去，反正要给足人家的面子。

案例2：角色的尴尬

走上领导岗位，就会遇上难受的事。你要做一个正派的领导者，就要六亲不认，无论谁找你，只要违背原则的事，就一律不办。可是，你是朋友的朋友、是父亲的儿子、是妻子的丈夫、是弟弟的哥哥，总之，你不光是公职人员。看见人家用另一种眼光看你，你心里难受啊。后来想通了，不去看，不去想，不往心里去，谁让你是公职人员呢。

案例3：公车改革

哪个单位都有公车，公车的害处谁都知道：造成奢侈浪费。但为什么屡清不止呢，因为有人失去了，却没人得到，失去的人会对领导有很大意见，他们都是各单位的中坚骨干，损伤了他们的工作积极性，会对全局产生影响。杨书记搞公车改革的招很高，公车全部拍卖给个人，然后发乘车补助费，按行政级别发，市里五大班子发，普通科员也发，大家都有所得，没有人有所失，因此，得到了普遍拥护，没人反对。算了一笔账，乘车补助费加在一起，比原来公车的消耗少了很多。

案例4：分工的艺术

分工不合理，班子就潜伏着矛盾。做"一把手"的不揽权，问题就解决了一半儿；可是另一半儿也很重要，你不揽权，别人揽权也不成。中国历史上改朝换代，有相当一部分是大权旁落，某人专权引起的，曹氏代汉、司马氏易魏，莫不如此。要通过分工，搭建一个合理的权力结构：大家都只有干工作的义务，没有专断的可能。我刚到职时，对于合理分工，某些班子成员想不通，我就开导：权力压人，权力集中在谁身上都不是好事，太平天国杨秀清专权，最后成全了清朝政府，那些农民领袖们本来可以称帝封侯，结果死得都很惨。大家接受了我的想法，我们班子很稳定、很团结。

案例5：老科长的转变

我们县委机关有几个老资格的科长，认为官衔到顶，没什么奔头，就放任自己，讲求享受，有时候星期天去游玩，星期一都不回来，工作让科员干，你知道，这是任何领导也不会容忍的。但是，前任领导拿他们没办法，资格老，又是一小帮，批评轻了他们不理睬，批评重了就和你吵架。我决定在机关实行目标责任制，奖优罚懒，他们有想法，但理亏说不出口，当然有抵触情绪。我主动接触他们，在业余时间与他们交朋友。等到召开推行目标责任制大会那天，我请他们作为部门代表上台发言，他们很有积极性，讲目标管理的重大意义、如何在科内搞好责任分解、有几条保证措施。讲得头头是道，不愧是老科长。当他们表态自己要率先垂范时，全场报以热烈的掌声。

后来，他们的确干得不错。

案例6：竞争的益处

各级纪委是对本级党委和政府以及公务员的监督机构，纪委在我们单位派驻纪检组、监察室，专司查处违犯党纪、政纪的干部。我就鼓励纪检组、监察室多查多处，抓小事、下狠手，小事没有了，大事还会有吗？起初，下级机关有意见，我就号召他们竞争，有本事你把干部教育好，把内控机制建设好，没人违纪了，纪检监察部门就抓不出来了。通过竞争，违纪的人越来越少了，我们系统的风气和形象确实变好了。

案例7："一把手"和"二把手"的博弈

我们厅由于地位重要，"一把手"干三年到五年，就提拔走了，没有干长的。"二把手"是党组副书记，有资历，又长时间在我们单位，成了"坐地炮"。干部看到"一把手"总是换来换去，没多少人敢靠近，怕人走了"吃锅烙"。倒是"二把手"周围有一大群人围拢，这也助长了他的专断，提拔干部基本是他说了算。原来的"一把手"、"二把手"总闹矛盾，但总以"二把手"的胜利而告终。现在的"一把手"很正派，也有韬略，他上任伊始，"二把手"像以前一样把干部任免方案送给"一把手"圈阅上党组会，可"一把手"却批了一行字："此事应选择一个适当的时机再议。"连续三次，"二把手"不敢递单子了。随着"二把手"受挫，"一把手"的威信提高了，他真正成了大家的领导核心。现在，"二把手"马上要退休了，锐气也没了，"一把手"开始研究干部任用问题。

案例8：遇到上访户

老高就是高啊，工作有气魄，不怕得罪人，又有办法化解矛盾。一次，他在饭店招待客人。一出门，碰上一个动迁上访户，上访户由于故土难离，对政府有意见，借着酒劲儿，对老高说："高书记，你扒我家房子不合理，你缺……"高书记大手一挥："今天我不和你谈，你是公事，明天到我办公室谈。"第二天，高书记把上访户请到办公室，递上一根烟："你对拆迁有什么意见尽管谈。"在市委书记的办公室里，书记很客气，拆迁补偿政策又比较合理，上访户不好意思了："高书记，实际上我没什么意见。"

案例9：老部长的经验

我当市委组织部副部长，挂职到县里做副书记，部长让我锻炼锻炼，增加主干线经验，以后有用。县委书记是他的好友，当然跟我关系也不错。县委组织部部长出现空缺，县委书记想让一个口碑很差的人接任。组织部长是管干部的，干部不认可怎么可以，于是我就劝阻，但他坚持自己的意见；我又向市委组织部长——我的老部长反映，让他干预。老部长说：你写份书面材料来。我就写了一份书面材料，陈述此人不宜作县委组织部长的理由。老部长在上面签批：请张副书记阅示。市委张副书记在上面批示：尊重××县委意见，要敢于重用不怕得罪人，不怕非议的干部。

案例10：矛盾的疏导

那时候我在县里挂职做副书记，县里的班子不团结，县长与县委书记开会就吵架。书记和县长其实都是好人，但就是拧不成一股绳。当遇到绕不开的矛盾时，最好的办法就是公事公办，开会发生争执，我秉公直言。私下我劝说书记："一把手"

权力很大，但没有人支持你行使权力，形不成决议，权力等于零，一点权力都不给别人，谁跟你干。在私下里与"二把手"交心：何必较劲呢，"一把手"是法人代表，好了坏了都是人家兜着，人家说了不算怎么行，作为副职，话说到了就行了，闹僵了没有赢家，尤其是做副职的。我们推心置腹，后来书记和县长与我都成了很好的朋友，他们不打架了，县里的工作也上去了，我与他们度过了难忘的两年时光。

案例11：木秀于林

我们单位的××是科班出身，也很敬业，工作出类拔萃，可是一些落后群体排挤他，孤立他，民主投票他肯定排不到前面去。树他当典型，就有人说闲话。我们党委推选他当优秀党员，"七一"时让他上台作报告，大张旗鼓地表扬他。现在，大家不但接受了他，像他那样干工作的人也多了起来。

案例12：气头上

在我包点那个村，张家的牛吃了王家的青苗，王家女人找到张家理论。张家女人正因儿子考试成绩不好生气，见王家女人找上门来，气就撒在她身上：我家牛吃了你家的苗，谁让你家不看护好？王家女人也是暴躁脾气：你说话像放屁，为了防你家的牛，还夹上篱笆不成？张家女人死不让份：你才是放屁，放狗屁！王家女人说：你骂谁？张家女人说：我骂畜生。两个人越说越气，就找村支书评理。村支书说："我没空儿，明早儿再说。"第二天早晨，两个女人的气早消了，这事也像雷阵雨一样过去了。

案例13：借力解难题

我在农村工作时遇到过这样一件事：赵五爷是村里的屯大

爷，能说会道，满肚子计谋，赵家又是村里的大姓，因此，在村里很有影响力，为了显示影响力，他经常领着村民给乡、村干部出难题。村里几个妇女违背计划生育政策怀孩子，村支书召集她们去乡卫生院做人工流产，赵五爷就领着她们到村支书家坐在炕头上不走。村支书老婆做好饭，几个妇女盘腿就吃，吃完饭还不走，又哭又闹，弄得村支书没有办法，就去找乡党委书记汇报。适逢全乡的泥草房改造会战开始，村民扒泥草房建砖房，盖房的钱个人拿一半公家拿一半，大部分村民很有积极性，也有不太理解的。乡党委书记来到村里，就找赵五爷商量，说赵五爷你是村里的人物，要协助村支书动员群众扒旧房盖新房，干好了可以给奖励。赵五爷很高兴，满口应承，工程进展很快。在工作中，赵五爷的影响力得到了充分展示，人们看到了他的另一面，乡村干部也与他结下了感情。一天，乡党委书记对赵五爷说：我看群众不听我的听你的，你能帮公家把泥草房改造干得挺漂亮，就一定能把那几个大肚子妇女的事整明白。赵五爷一拍大腿：没问题！第二天，那几个妇女到乡卫生院做了人流。

案例 14：寻求平衡

那时候，工程建设还没有必须经过招标确定施工单位的规定，各级行政长官成了矛盾的交汇点。江边的土地寸土寸金，规划用作江岸公园，为此，县政府花了 1 亿元用来动迁，把当地居民动迁别处，当然阻力很大，但目的是为广大市民造福，动迁户最后还是理解了，支持政府这一举措。公园建设马上就要开始了，群众关注的热点是建设一个什么样的公园，能不能保证质量。上头介绍了一个建筑商，实际上是没有资质的包工头，要承建这一工程。建筑商自恃有背景，与我对话毫不客气，就像他也是我的领导。我陷入了两难境地：把工程交给他，公园建砸了，群众会不答应，不交给他又会得罪领导。经过反复思考、权衡，我把建筑商请来，让他看我们的城市规划图，领着他实地勘察，对他说：公园工程太显眼，我们正在搞旧城改造，有很多工程要启动，你可以从中选一个。他勉强同意。事情总算过去了，但我心里很不是滋味。

案例 15：民主测评的难题

近些年，战友会、同乡会、同学会盛行，我们单位的校友也活跃起来，形成了很强的非正式组织，其间，有个品行不怎么好的人成了他们中间的领导级人物。干部竞争上岗，搞民主测评时他们出来捣乱，使一些正派干部票数减少；与他们一起混的人票数倒相对挺高，不少干部因此讨好他们，这股势力越来越大，成为单位的不稳定因素。我只能采取断然措施，把这个人调离机关，以警示那些拉帮结伙的人。现在，那伙人散了，单位平稳了。

案例 16：利益的切割

市委机关用了很多临时用工人员，临时工本来应该好管理，干不好就辞退，可是时间长了，辞退就不那么简单了。在他们看来，自己跟在职职工差不多，工作了那么多年，没有功劳还有苦劳。一些临时工工作懒散，不守纪律，有的还往家拿东西。为了解决这个问题，市委机关事务管理局决定，把机关后勤全部交给物业公司管理，机关不再雇用临时工。临时工马上联合起来对抗这一决定，有组织、有计划、有策略地向组织施压。为了打破僵局，机关事务管理局采取了利益诱导的办法：按照在机关作临时工的年限给予经济补偿，把与机关解除劳动关系的临时工介绍到物业公司工作，并给缴纳"三险"，解决了他们的当前待遇和后顾之忧，退休、失业、医疗都有了保证，临时工联盟顿时土崩瓦解。最先响应号召的是那些老临时工，然后是工作时间相对长的临时工，最后，连那几个策划闹事的人也接受了组织决定。

案例17：修路并不简单

修公路可不那么简单，要立项、环评、土地审批、解决资金问题。最大的难题是在老百姓手里征地，有的人贵贱不干，你总不能修断头路吧。为了解决这个问题，我们把复杂的问题简单化。大张旗鼓地宣传，电视有影，电台有声，报纸有字，把要致富先修路，修路对当地老百姓有好处的道理讲清讲透。不怕矛盾、顶着矛盾上，有什么问题解决什么问题。对个别抗命不遵的，让村委会主任找他们谈话，发动他们的亲戚朋友下毛毛雨，促使其转变立场。由于采取的措施有力，征地工作比较顺利，路也如期竣工。我们开了一个像样的总结表彰大会，对各类有功人员进行了表彰，事情可以说干得挺漂亮。

案例18：班子内的难题

县里的工作很难做，有位副县长很有个性，总爱给"一把手"出难题。作为县长，我必须强调工作纪律，他却经常领几个人中午去爬山，不正点上班，周围有一帮"驴友"。你找他谈话，他说我没影响工作，闲着没事打发时光，我若是当"一把手"，也会忙得不亦乐乎。你有什么办法？好了，咱管不了他，但能管得住他那些"驴友"，先扫清外围，逐个找那些

"驴友"谈话，教育他们遵守工作纪律，履行公务员职责，做一个合格的政府干部。这些"驴友"先后退场，副县长成了孤家寡人，没脾气了。经过教育，他也守规矩了。

案例19：匿名信

有个乡长，找门路让我提拔他，他不具备条件，不能提拔。于是他就写匿名信，诽谤陷害我。你明明知道这是谁干的，但没有确凿证据，就不好处理他。有一段时间，把我弄得身心疲惫。他这个人由于不正派，自然有很多群众反对他。有人告他的状，我在举报信上批示，由纪委去核实，责令他配合调查，使之陷入危机。匿名信果然停止了，就是这个人干的，他自顾不暇没闲心了。

案例20：解聘食堂管理员

县政府招待所的食堂总是亏损，原因在于在食堂干了十几年的食堂管理员。他虽然是个临时工，但厨艺不错，又很会说话，几任领导对他看法都不错，因此，一干就是十几年。他很贪心，所有厨师都是他找的，跑冒滴漏别人很难发现。为了加强经营管理，新到任的所长决定向社会公开招聘食堂管理员和后厨人员，食堂管理员不肯，带着一帮厨师到县政府上访。县长对他说：既然你满身是理，就进行劳动仲裁吧，如果裁定你有理，你就接着当食堂管理员；如果属无理取闹，就解聘你的食堂管理员工作。食堂管理员与县政府招待所达成仲裁协议，并选定了仲裁委员会。经过裁决，维持解聘决定。食堂管理员不服，又到法院起诉。法院依法作出判决：维持仲裁裁决。于是，这个长达半年之久的上访案件终于结束了。

案例 21：谈判解决问题

我们市是一个重工业城市，20 世纪六七十年代，许多年轻人来到这里艰苦创业，为国家基础工业发展作出了贡献。适应建立现代企业制度的需要，企业分离办社会，这些退休职工开始领取养老保险金。现在，他们所在的企业发展得很好，在职职工工资很高，退休职工养老保险金与在职职工工资有一定的差距，产生心里失衡，于是上访。这些人上访不是无理取闹，我们就让他们派出代表来谈判。谈判结果：满足他们的合理诉求，对于不合理的诉求作耐心的解释和疏导。产业工人还是有觉悟，经过谈判，这个问题得到了合情合理的解决。

案例 22：打黑除恶

有一段时间，我们这里有一个具有黑社会性质的犯罪团伙闹得很凶，欺行霸市，基本垄断了县城里的洗浴业和娱乐业，有关部门实施正常管理，他们大打出手。为了解决这个问题，我们果断动用了警力，抓捕犯罪分子，恢复了秩序。

三　公共组织冲突诊断和处理模型

冲突管理一般分为冲突的诊断和冲突的处理，两者是冲突管埋的一体两翼。冲突诊断是冲突处理的前提，冲突处理是冲突诊断的目的和归宿。没有准确的诊断，冲突处理就无所遵循，不知如何对症下药；相辅相成，没有恰当的处理，冲突诊断就徒劳无功，变得没有意义。根据以上案例，归纳和挖掘其内在间的联系，创建公共组织冲突诊断和处理模型，如图 5—1 所示。

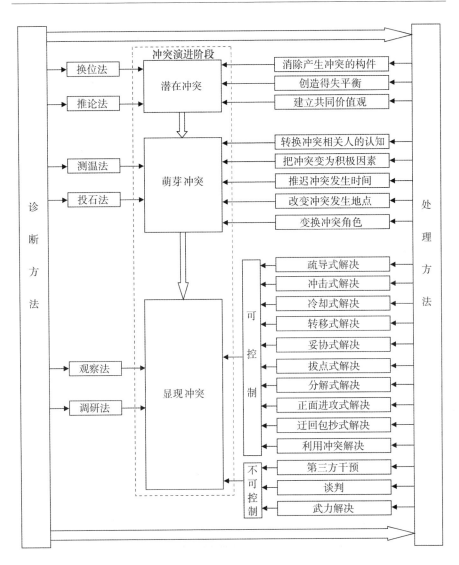

图5—1　公共组织冲突诊断和处理模型

（一）冲突的诊断

诊断的原意是指诊视病人从而判断病情及其发展情况，本书中的冲突诊断则是指对冲突的分类、成因、发展阶段以及变化趋势等进行分析判断，从而为冲突的处理提供依据。"工欲善其事，必先利其器。"毫无疑问，冲突诊断需要工具。在冲突诊断中，这些工具为耳、目、口、脑。前三者是收集信息的三根管道，后者是贮存、加工信息的处理器。

用耳朵去悉心倾听。于志凌（2004）指出倾听是重要的沟通方法之一，"倾听比善辩更重要"①。说明倾听是冲突的沟通方法，也是处理方法，在这里，笔者将其作为冲突的诊断工具去加以研究。在杂乱无章的信息流当中，要找到我们想要倾听的声音，正如打开一台收音机，首先要调到适合的波段，听我们想要听的节目。然后，就要细致分辨：信息内涵是什么？他们有什么诉求，还要听话听"音"，听出这些诉求背后的真正诉求。这些信息来自哪个方向，离我们有多远，在人群中发出的是一致的还是非一致的声音，声音的强度有多大，是温和的，抑或是炽热的、异常强烈的。倾听有时候是直接的，即事必躬亲；有时候则是间接的，即通过别人去了解事实的真相，借助于不被人们所注意的人去帮助我们倾听、观察，就像发展卧底的特工，把我们的触角探入到信息源的深处，乃至核心地带，以便及时掌握我们想要了解的真实情况。

用眼睛认真观察。要环视周边，防止遗漏，然后把眼光定格在信息源方向，盯住在那里的人群，并加以辨认：在那里有哪些人，这些人的规模有多大，在他们中间，核心人物是谁；他们在做什么，他们在做这些事情的过程中，向外传递着什么样的信息，他们在往哪些方向去，接下来想要做什么；冲突的热度怎样，正如一壶正在烧着的水，是刚刚加温，还是已经热气腾腾，或是已经滚开要把壶盖掀翻。上述情况，都需要通过

---

① 于志凌：《企业内部沟通研究与策划》，学位论文，哈尔滨工程大学 2004 年。

观察去获取。

用嘴巴详细询问。询问是主动而非被动的捕捉信息的方法，它反映着一种互动关系，因此，更能深入地了解信息，全面地掌握信息。询问的题目常常围绕着出了什么事情，哪些人参与了这件事情，什么原因促成了这件事情，他们做这些事情的真实目的是什么。由于询问反映了很强的目的性，因此，了解到的信息更接近于事实的本原，更便于看清"庐山真面目"。

用头脑缜密思考。思考是对外部信息进行加工的过程，目的是找到事物发展的内在规律，并寻求解决问题的办法。毛泽东曾对此进行了精辟的描述和阐释，即所谓：去粗取精，把没用的信息去掉，留下有用的信息；去伪存真，分析获取的信息，把假的东西扔掉，对真的东西予以保存；由此及彼，进而归纳、演绎、推理，找到"此"与"彼"间的内在联系；由表及里，通过现象看本质，剥开表象的外皮，寻找事物的内核；循环往复，通过一次又一次对信息的加工，打开"锁"内部的结构，并找到开锁的"钥匙"。

1. 运用换位法和推论法诊断处于潜在阶段的冲突

这一时期，是孕育冲突的时期。由于冲突尚未显性化，甚至还没有发生冲突的前兆，因此，诊断起来非常困难，必须采取对应性非常强的诊断方法，常用的是换位法和推论法。

换位法。也可称为换位思考法、心理换位法，是指将研究者置于被研究对象的背景和环境中，并体验此时的心理活动，在此基础上加以分析推断被研究对象的处境和心理活动。换位法的核心是换位，做一件事情，要判断对方有何反应，思考自己作为对方会如何感受。换位一般为换利益相关人与利益旁观者之位，即思考对方怎么看，群众怎么看，进行相应的处理。

换位法切忌主观性，片面强调你就要这样思考，而不是那样思考，这对实际要发生的冲突无济于事。要实事求是地思考问题，客观地认识思维发展规律，在对事物的客观认识中找到对方的真正感受，这才是换位的真谛所在。

推论法。推论法是指根据已有的信息，对各种可能导致冲突发生的因素进行全面系统的分析、联系与推演，并由此得出可能发生的冲突情形、冲突可能涉及的人和事物，以及冲突所产生的影响。与换位法相比较，推论法把思考推向系统化。推论的前提是确定目的物，推论的过程是在取得目的物过程中所涉及的事物，以及这些事物间的内在联系，推论的结果是这些事物发展的最终情景。当确定目的物——可以是确定要做的一件事情，也可以是确定准备实施的一个规划之后，就要使自己进入一个虚拟的世界进行推演：关联哪些事，做这些事要涉及到哪些人，这些人会作出什么样的反应；这些反应是积极的还是消极的，是建设性的还是破坏性的；如果是破坏性的，那么它对组织而言，是可以承受的还是不可以承受的；什么时机推出正面效应最大，负面效应最小。这些推演需要反复，经过不止一次的推论，导出各式各样的结果，在其中选择一项最佳方案，从而进行科学的判断。

2. 运用测温法和投石法诊断处于萌芽阶段的冲突

在这一阶段，冲突当事人正在对冲突构件进行认识，先是对冲突的构件进行知觉层面的认识，然后上升为感知层面的认识，不但知道了冲突构件的存在，也确定了冲突构件对自己的影响。在这一时期，如果进行了准确的诊断并进行了恰当的处理，就会将冲突化解在萌芽之中，不致产生负面的影响。常用的诊断方法是测温法和投石法。

测温法。测温法是指对冲突所处的状态和状态演进趋势进行观察的冲突诊断方法，通过测温法所判定的冲突所处阶段和演进趋势可以为后续的冲突处理提供依据。冲突产生犹如火山爆发，是一个逐渐累积发展的过程。在这个过程中某一个问题会逐渐升温，由温变热，由热变为沸腾，最后爆发。冲突的"温度"通常是可以测量的，根据案例，归纳出冲突测温法模型，见图5—2所示。

图5—2 测温法模型

以上五个层级的状态，是组织冲突不断升温的过程，随着一种状态向另一种状态的转变，冲突实际上正在不断升级。观察冲突所处的状态和状态演进过程，就是为冲突测温的过程。人们的思考是活跃的，在公共组织中更是如此。不予肯定，通常表现为沉默。鲁迅先生说："不在沉默中爆发，就在沉默中灭亡。"说的就是冲突正在积蓄能量。私下议论是个体心理不满的宣泄。公开评论，则是否定个体在寻找同盟者，且已形成一定的气候。如果是个体冲突，接下来将演进成公开对抗，使冲突进入现实的冲突阶段；如果是群体冲突，将通过否定力量骨干形成的环节，演进成群体性事件，进入现实的冲突阶段。我们可以通过测温法，判定冲突处在何种阶段，正在向何种阶段演进，以便采取合适的处理方法。

投石法。投石法是指采用适当的试探性相关措施，在不对已有冲突产生较大影响的情况下，通过了解冲突主体及周边环境对试探性措施的反应形式和激烈程度来实现对冲突的诊断。

在平静的湖面上投下一块石头，凭溅起的水花，便知道水有多深。打破了平静，水里的鱼儿虾儿们就会作出相应的反应。投石法的关键技术，一是要选择恰当的"石头"。石头太小，打不破水中的平静；石头太大，会造成人为的破坏，本身就制造了冲突。二是要将"石头"投到合适的范围。远离冲突中心区，投下去所产生的反应与诊断无关，投石时，应努力把"石头"抛到冲突波及的范围内。

3. 运用观察法和调研法诊断处于显现阶段的冲突

在显现阶段，冲突已成为现实。与前两个阶段相比，这时诊断的重点是：冲突原因是什么，是什么类型的冲突，从而为冲突处理提供依据。冲突诊断常采取观察法和调研法，两者的区别在于观察是静止的，可以在办公室里进行，或站在一定位置观测、考察；调研是动态的，甚至要走到冲突当事人中间去调查、研究。

观察法。观察法是指根据一定的目的和计划，利用观察者的感官和辅助工具对冲突进行观察，从而获得相关信息的一种冲突诊断方法。运用观察法时通常要选择一个合适的位置，找一个最好的观察点。观察的内容包括：他们在干什么，诉求是什么，目的是什么，有时诉求和目的是一致的，有时是不一致的，诉求只是一个说辞，明修栈道，暗度陈仓；发生冲突的原因是什么，有多少人与这一原因有关系，是个体事件，还是一个群体事件；有谁游走于各个个体之间，是冲突升级的骨干。把这些问题观察明白了，冲突处理才能抓住主要矛盾，牵一发动全身。

调研法。调研法是指为了解冲突的发展状态和演进趋势，依照一定的目的和计划，系统、客观地收集、记录、整理和分析与冲突相关的各类信息和资料的冲突诊断方法。戈登（Gordon）（1993）的研究发现，当组织成员更信任自己的同事和领导时，他们就更愿意表达出他们的不满以及不同的观点和意见。[①] 通常要选一个或一群合适的调研人。调研实质上是进入冲突处理的过程，因此，调研人通常是冲突处理人，能否取信于冲突当事人是必须注意的关节点，这就需要既要考虑到他与冲突原因有无关联，又要考虑到他的身份、层级、影响力。调研是一个具有较强透明度的公务活动，因此调研的方向、调研要采取的样本、调研的环节都要合理，被冲突各方的人们所接受。在调研和处理冲突之中，要事事"求真儿"，注意掌握充分的事实，在法律和规矩的框架内进行。

在实际工作中，观察法和调研法通常交叉并用，发挥各自的优势，暗访明察，才能取得应取得的各种信息，以便在此基础上作出准确的诊断。

（二）冲突的处理

由于处在不同阶段的冲突，内部构造不一样，表现特征不一样，引发的效应不一样，因此，应采取不同的方法进行处置。正如一个人得了阑尾炎，在刚有征兆时，热敷病灶部位即可；病情加剧，有疼痛感，可以通过吃药解决；阑尾溃烂，疼痛难以忍受，则必须动手术割除。在处理冲突时，能用轻的方法，就不用重的方法，除非到了不可挽回的境况。

1. 潜在阶段冲突的处理方法

[①] Gordon M E, Fryxell G E. *Justice in the Workplace*: *Approaching Fairness in Human Resource Management*. London: Psychology Press, 1993, pp. 231 – 255.

崔振成（2011）指出，潜在阶段冲突的主要表现是发生互动关系的主体已积累了引发冲突的前提条件，这些前提条件并非必然导致冲突，但却聚集了冲突产生的要件。① 由于这时冲突当事人对冲突尚无察觉，解决冲突的方法选择余地较大，根据实际情况，可采取以下措施：

（1）消除产生冲突的构件。放弃要做的事。这个事情一旦做出，就会为冲突埋下伏笔，那就不做好了。调离将要产生冲突的人。如果你是当权者，就完全可以这样做。做某件事情将会形成冲突，但事前利益相关人已经离开了这一空间，冲突自然也就不存在了。改进不合理的组织架构。如果冲突因组织架构不合理而引起，就要加以改进，把职责交叉的地方理顺，明确各自的权力边界，即可以避免冲突的发生。改变自己，适应别人。如果自己的个性特质与其他人将要发生性格上的碰撞，就努力改变自己的性格，增强适应性，以便使群体接受。

（2）创造得失平衡。冲突产生的必经路径是心理失衡。感知某件事情对自己会有所失，又得不到补偿，心理就会产生冲突，并不断发展冲突，增大冲突爆炸的风险。为了避免冲突，就要创造得失平衡机制，使潜在的冲突当事人既要有所失，又要有所得。可以是先得后失。古人说，欲先取之，必先予之，是化解潜在冲突的最好办法。有得必有失，是多数人认识得失的心理状态。让其先期得到，以后虽有所失，但可以取得谅解。也可以是先失后得。这是典型的心理补偿办法。中国文化中的"吃亏是福"在这里得到了验证，使潜在冲突人坚信吃亏的好处，从而不计较吃亏。由于已经得到了心理平衡，虽然有

---

① 崔振成：《现代性社会与价值观教育》，学位论文，东北师范大学2011年。

所失，也不致产生冲突，发展冲突。还可以是得大于失。这应该作为处理潜在冲突的一个原则，朱朝旭（2002）指出，管理的目的即是以最小的投入获得最大产出为原则。[①] 这是指控制冲突要注意成本和效益问题，并不是要一毛不拔，得大于失的部分，是潜在冲突人心理平衡的盈余，即所谓吃小亏，占大便宜，也是冲突管理必须付出的成本。

（3）建立共同价值观。马新建（2007）指出，价值观是一个人对周围客观事物的意义和价值的总体评价，这种价值取向直接影响人的态度和行为。[②] 建立共同价值观是消除分歧，化解冲突的有效方法。建立共同的价值观需要一些实际的步骤。一是把价值观演化成为具体的道德规范和操作规范，使人们知道为什么这样做，应该怎样做。二是宣传价值观。把价值观演化成有感召力的愿景，加以正面引导，使人们感到为之奋斗、付出值得。三是带头践行价值观。价值观的倡导者要亲力亲为，真干实做，树立榜样，树立践行价值观的光荣感，坚定大家的信念。四是反复说、反复做。习惯成自然，地上本没有路，走的人多了，也就成了路。反复地依照道德规范和操作规范去做，就形成了共同的价值观。

2. 萌芽阶段冲突的处理方法

萌芽阶段的冲突，冲突相关人正在识别和认知冲突，最好的办法是改变冲突相关人的认知，防止其升级，底线是控制住冲突的气势，变被动接受冲突为主动地控制冲突。可以采取以

---

① 朱朝旭：《企业内部建设冲突管理及其方法应用》，学位论文，对外经济贸易大学2002年。

② 马新建：《冲突管理：一般理论命题的理性思考》，《东南大学学报》2007年第3期，第62—67页。

下方法：

（1）转换冲突相关人的认知。具体包括：首先，终止或撤出行动。由于某一行动被冲突相关人认为对自己不利，而产生对立情绪，那么，终止这一行动就化解了冲突的诱因。如果这一行动是组织目标的一个步骤，必须要做，则要暂缓，找一个最佳时机出台。届时，由于环境、人们的接受程度已经发生了微妙的变化，再行动或许不会引发显性冲突，或许大大减缓显性冲突的强度。其次，改变冲突相关人的判断。主动接触冲突人，多方渗透示好的信息，使其感到组织行动并不针对自己，或者不只是针对自己，促使其消除对立情绪。再次，变冲突相关人为行动参与人。让冲突相关人参与行动，从而激活他们自我消化矛盾的积极性，使他们从对立一方变成盟友和同志。由于通过以上具体的步骤，转化了冲突相关人的认知，潜在的冲突也就消失了。

（2）把冲突变为积极因素。刘易斯·科塞最早意识到冲突的正面效应，他认为群体间的冲突可以促进群体成员的凝聚力和整合度，可以使社会保持一种动态的平衡，因此冲突既可以是社会稳定的破坏力，也可以是社会发展的推动力，社会就是在冲突——发展——再冲突——再发展的过程中不断前进的。[1][2]　刘学（2008）指出，正是因为冲突兼具建设性和破坏性的"两重性"特征，因而，应树立正确的冲突认识观念，以建设性冲突促进组织变革。[3]　利用冲突建设性的一面，始终把冲突控制在

① Coser L A. *Functions of Social Conflict*. US：Simon and Schuster，1957.
② 张卫：《当代西方社会冲突理论的形成及发展》，《世界经济与政治论坛》2007 年第 5 期，第 117—121 页。
③ 刘学：《我国公共组织内部的冲突与管理论析》，学位论文，东北师范大学 2008 年。

萌芽阶段，不使其发展，对于组织状态稳定和组织目标的实现，有着积极的作用。利用冲突掌握人际关系。没有冲突，看到的只是波平如镜，深处的东西浑然不知。有了冲突，各种人际关系、群际关系就会活跃起来，从而露出马脚，为掌握人际关系、驾驭局面提供条件。防止非正式组织实力无限扩大。组织内部冲突表现为人与人之间、群体与群体之间的抗衡、角力，如果没有冲突，一些非正式组织就会实现空前的联合，形成铁板一块的状态，甚至与正式组织对立。保持适当的冲突，有利于组织稳定和领导者驾驭局面。利用冲突激发组织活力。可以把冲突当事人之间的较劲转化为组织内部合理的竞争，而竞争对于实现组织目标是求之不得的力量。没有竞争，组织就失去了活力；有了竞争，组织就会活力无限。

（3）推迟冲突发生时间。有些萌芽阶段的冲突不可抗拒，发展很快，这时就要考虑冲突的控制问题，即对冲突显现时间预先设定。可以让冲突当事人等待研究结果，也可以推迟行动时间。要把冲突发生时间设定在冲突处理准备就绪的时候。准备充分才会临阵不慌，忙而不乱。要摸清情况，想好对策，组织好人力，做好预案，全力应对冲突的到来。要努力把冲突发生时间设定在负面影响小的时候。是在白天，还是在黑天，是晚餐时间，还是工作时间，都是冲突管理者需要思考的问题。要努力把冲突发生时间设定在冲突当事人情绪平息的时候。情绪平息，有利于冲突问题的解决，带着情绪，冲突就很难控制。处理冲突时要注意避其锋芒，当对方锐气殆尽时再去处理，会取得比较好的效果。

（4）改变冲突发生地点。在处理冲突时，冲突处理人也可以预设冲突引爆地点，在采取强制措施处理冲突时，往往选择预设的出手地点。选择冲突地点，一般为：宜于控制的地点。可以随时切断冲突当事人与外界的联系，控制冲突的传播规模和传播速度，在冲突中变被动为主动。预设在有利于平息冲突相关人情绪的地点。在办公室、家里或会场，冲突相关人都会有不同的感受。即使有着非常好的处理冲突方案，如果没有好的处理冲突地点，也会使冲突处理功亏一篑。预设在影响面不同的地点。有时要选择影响面小的地点，目的是防止负面影响扩大；有时要选择影响面大的地点，是为了防止积极影响太小，杀鸡给猴看，一定要选择一个很公开的场合。

（5）变换冲突角色。在冲突管理中，让冲突当事人矛头指向何处，对谁发泄不满情绪，也是一个可以调整的问题。一是把个体冲突变为组织冲突。在集权制的体制下，组织人格化，对组织的冲突往往把组织领导者作为攻击的目标，因此，要特别注意防止把组织的冲突演化为对领导者个体的冲突。如果已经变成对个体的冲突，一定要以组织代表人的身份出现，宣传组织主张、组织规划，使冲突性质回归，使冲突管理者在冲突的绳索中解脱出来，不当运动员，只做裁判员，才能收到好的效果。二是变自己的冲突为群体的冲突。不要把冲突都揽在一个人身上，要调动团队其他成员参与，走出势单力薄的困境，形成处理冲突的强大力量。这个力量，有时是助手，有时是下级，有时也可能是上级，这样，就有了处理好冲突的优势和把握。三是启用新的冲突对象。某些人向组织要权力、要利益，组织成了唯一的冲突对象，这时候，如果把要权力、要利益的其他隐性人群显性化，并建立竞争制度，那么冲突就成了某些人与显性群体的冲突，而组织领导者就置身于超然境地，以第三方的角度去处理冲突。

3. 显现阶段冲突的处理方法

在显现阶段，冲突已经经过潜在阶段、萌芽阶段升级为现实的冲突，对手已经清楚，阵营已经摆开，对立的双方已经真刀真枪地交拼，冲突处理者必须由幕后走到前台，泰然地去面对冲突。这时候，组织的优先目标是使冲突可控制，有计划地进行处理；当然，也要做冲突不可控制的准备。两类冲突，要采取完全不同的方法。

（1）可控制冲突的处理

虽然冲突已演化成现实的冲突，但如果控制得当，也会产生正面效应，至少不会造成很大的损失和恶劣的影响。

一是疏导式解决方法。疏导原意指清理水道，使之畅通，也有疏通引导的意思，比喻开导、打通人的思想。本书中的疏导式解决方法指通过对冲突主体进行平和的沟通交流，缓解矛盾，在此基础上对冲突进行化解的一种冲突解决方法。疏导不是喋喋不休地讲大道理，一般步骤为：第一，平静情绪。让冲突相关人将情绪化的东西剔除，以平和的心态解决问题，要把大道理细化为小道理，与个人利益紧密相连，讲清情绪化对解决问题的负面影响，冲突会使冲突当事人失去什么，如果换一种态度，冲突当事人将会得到什么。第二，帮助其确立合理的冲突目标。建立多元、可靠的沟通渠道，传递解决问题的框架和组织妥协的底线。也要发出信号，漫天要价式的诉求超出底线不能"成交"，行为过度，将受到法律的惩处。第三，给出解决问题的路径。可以是一份书面表达，可以是一次对话，也可以委托代表进行具体的协商。给出解决问题的路径可以防止"河水泛滥"、"水漫金山"，从而取得解决冲突的主动权。第四，达成一致。以平和的心态沟通、协商，又确立了合理的冲突目标，达成一致的冲突解决意见应当是水到渠成的事情。

二是冲击式解决方法。冲击式解决方法在本书中主要指以相对坚定与强势的态度，以冲杀进击的形式解决冲突的方法。这是对人数较多，诉求多元，问题复杂，但没有形成统一对立面类型冲突的一种解决方法。就像汽车遇到一段坑坑洼洼、有泥有水的不平坦道路，一踩油门，轰的一下就闯过去了，慢条斯理、温和行进反而会将车轮陷进泥水里抛锚。当然，冲击式解决不是鲁莽行事，而是有计划地行动。首先，要制订规划。这个规划，要符合法律规定，反映多数人意见，符合必要的程序。其次，要按规划实施。在少数冲突当事人干扰、围攻、恫吓时，要表现出魄力和定力，像大山一样不可撼动。再次，要做好后续问题的处理。由于争端解决机制已让多数人满意，得到多数人的拥护和支持，一般而言，少数人应该顺从。对不顺从者，可以采取疏导式的解决方法。

三是冷却式解决方法。对于某些冲突可以不采用明确具体的方法去进行管理、协调与化解，而仅需要在保证冲突不进一步发展恶化的前提下刻意以一种形式上不加关注的态度对其进行拖延处理，这种冲突处理方法称为冲突的冷却式解决方法。有些冲突不一定非采取措施解决不可，尤其是无理取闹、情绪型冲突更是如此，一旦介入就会遭遇纠缠不休，甚至会激化冲突，无为而治反而会收到好的效果。当然，冷却拖延，并不是不加思考，不予理睬。要确定冲突类型，情感冲突而非实质性冲突才可以适用此法。要确定拖延时间，对冷却多长时间才会解决冲突应该有一个大体的估计。要找好托词，如果托词不恰当，也会激化冲突。要控制外部环境，不要让消极冲突因素加入到冲突中来，使问题复杂化。要最大限度地让积极因素潜移默化地进入，产生润物细无声的效果。要监控整个冷却过程，静观冲突相关人情绪变化，等待其恢复正常，如果发生突变和逆转，则应迅速转换冲突处理方法。

四是转移式解决方法。转移式解决方法主要指通过转移冲突主体的利益关注点，在冲突管理者的主导下将原有冲突中的利益矛盾逐渐转移、化解，进而将冲突双方矛盾对立的利益关系转化成相同的利益关系，从而使冲突得到解决的冲突管理方法。这一方法即刘易斯·科塞所说的"安全阀"法，刘易斯·科塞用这一非社会学术语来表示将敌对感情引向替代目标的制度。[①] 转移话题，转移注意力，让即将产生的冲突淡化。要制定缜密的规划，有步骤地实施。首先，选择一个冲突当事人必然参加的事件。这一事件要与冲突当事人的利益或价值观有关，对这一事件的处理，应与冲突当事人的价值取向相一致。其次，启动设定的事件，吸纳和鼓励冲突当事人参与。由于事件关乎冲突当事人的利益和价值观，其肯定有参与的热情，冲突管理者要推波助澜，鼓动其参加。再次，与冲突当事人建立联盟。由于利益一致，价值取向一致，建立联盟应该是两厢情愿的事。要注意在建立联盟中发展友谊，增进感情，为解决冲突提供条件。最后，用沟通的办法解决冲突。由于双方关系已经非常融洽，又有许多共识，冲突有可能在和风细雨中得到解决。

五是妥协式解决方法。王宏宝（2010）指出，妥协是一种"中度坚持与合作"的类型，它需要冲突的双方各让一步来取

---

① Coser L A. *Functions of Social Conflict.* US：Simon and Schuster，1957.

得协议。① 关于妥协式解决方法，西方学者托马斯、布莱克、穆顿等人都作过详细的论述。王琦（2004）的研究表明，中西方文化渊源分别为儒家文化与基督教文化，二者都为避免冲突以争取社会稳定和经济增长提供了核心管理思想。② 由此可以看出，妥协是中、西方都适用的一种解决冲突方法。在中国情境下，妥协不是一味退让，在公共组织管理中，更不是冲突当事人要什么，公共组织就要给什么，这会形成连锁反应，导致新的冲突出现。要设定妥协底线。妥协是将组织过激目标，回归到合理的状态，也是冲突当事人合理诉求应达到的一种状态。因此，要划定妥协的底线，而不能突破这一底线。要设计妥协的路径和节奏。妥协可以直接达到底线，也可以有节奏地达到底线，以免冲突当事人要价过高。要用法律固化成果。对达成的协议进行司法公正，防止冲突反弹和节外生枝。一旦妥协导致冲突当事人无休止地要价，就要启动其他冲突管理方式。

六是拔点式解决方法。拔点式解决方法是首先集中力量对冲突中的核心人物或主要矛盾进行处理，然后再解决冲突中的次要人物或次要矛盾的一种冲突解决方法。这是对规模较大冲突的一种解决方法。冲突规模很大，必然有核心人物在组织实施，在若干的冲突源中，也必然有主要和次要之分。所谓拔点，就是解决主要矛盾，通过排查找到主要矛盾。这一主要矛盾可能是一个非正式组织、一个群体、一个关键人物，他应对

---

① 王宏宝：《论冲突管理与组织绩效》，《科技情报开发与经济》2010年第10期，第139—141页。

② 王琦、杜永怡、席酉民：《组织冲突研究回顾与展望》，《预测》2004年第3期，第74—80页。

所有冲突当事人有普遍感召力，对冲突的进展起主导作用。因此，首先，就要集中力量解决主要矛盾。罗伯特（2000）研究发现，"焦点人物"往往在扮演的不同角色或者在承受不同的压力或期望之间寻求平衡①。根据具体情况，可以通过理念引导，促使其良心回归；可以是激进的，控制其活动，使其不能发挥作用；也可以是公开的声讨，指出其欺骗性、虚伪性，以正视听。最后，要疏导次要冲突人。由于主要组织者的离去，冲突当事群体处于群龙无首的境地，有组织、有计划、有步骤地发展冲突受到了限制，目标多元现象开始产生，冲突管理者通过威慑、教化使次要当事人理性回归，使冲突得以解决。

七是分解式解决方法。分解式解决方法是将冲突所涉及的较大利益群体进行分拆、解体，将其变成若干具有不同利益导向的零散冲突主体，在此基础上针对不同主体采取不同的处理措施，进而化解冲突的一种冲突处理方法。分解式解决方法也适用于涉及人数较多、规模较大的群体性冲突。分解是为了分解冲突集中爆发的能量，便于解决。具体步骤是：第一，切割利益群体。群体越大，个体之间的实际参与度和目标就越不一致，各有各的想法；即便是铁板一块，也要用不同的利益进行诱导，使之目标多元化，以便对不同情况、不同表现的人采取区别对待的政策。第二，激励冲突当事人享受政策。满足冲突当事人的合理诉求，并进行政策激励，先享受政策有机会得到更优惠的条件，这样，冲突参与人就会趋之若鹜，争先恐后，冲突主导者就会受到孤立，形不成气候。第三，攻"土围子"。

---

①　Robert. L. K：《管理与组织行为经典文选》，李国洁、王毅、李国隆译，机械工业出版社2000年版。

对不改变立场的冲突主导者予以惩罚，同时示以改弦更张的好处，并给予正当的利益，促使其转化。对于不讲道理，执意破坏的死硬派，要绳之以法。"土围子"攻下来了，冲突处理即可宣告结束。

八是正面进攻式解决方法。正面进攻式解决方法主要指以坚定的态度并配合以多种措施，按照既定的方案和计划从正面积极地对冲突进行处理的一种冲突解决方法。这种解决方法，一般都是冲突进入攻坚阶段，排兵布阵已没秘密可言情况下，所要采取的一种方法。这种方法的特征：一是摆开阵势，形成压力。公开宣布组织主张，发动群众，争取支持，形成高压态势。二是多项并举，综合治理。调兵遣将，媒体宣传，政治威慑，关系人疏导，针对不同的人采取不同的攻略。三是不畏艰险，锐意推进。坚定组织目标，顶着冲突推进。组织规划成功之日也是组织规划被冲突当事人接受之时，随着组织目标的实现，冲突也自然得到了解决。四是总结表彰，形成定论。冲突解决之后，要进行总结和宣传，大张旗鼓地表彰在推进组织规划和实现组织目标中的有功人员，在宣告组织目标到位成功的同时，也客观上对冲突双方的是非、冲突处理成果作出了不可撼动的结论，这个结论自然已在总结表彰中昭示众人，构建起强大的舆论氛围。

九是迂回包抄式解决方法。迂回包抄式解决方法是首先通各种方式逐渐削弱冲突主导者的外部支持势力，从而降低冲突主导者对冲突的主导和控制能力，在此基础上对冲突主导者采取一定措施进而解决冲突的方法。这种冲突解决方法与分解式解决冲突方法有类似之处，但也有自己的特点。首先，要摸清冲突相关人和事。在各个节点中找出内在联系，并据此画出一张波形图，标出核心圈、骨干圈、追随圈、外部影响圈，依据各个波型圈的利益诉求和心态进行整体规划。其次，要扫清外围。排出次序，由外而内，逐个解决，不断收紧包围圈。再次，要集中解放孤岛。在失去外围后，核心冲突层可能选择缴械投降，接受冲突解决方案；至少心虚气短，降低诉求标准，这时因势利导，平息冲突。

十是利用冲突解决冲突。利用冲突解决冲突是通过引发新的可控冲突来扰乱已有冲突主体间的相互联系并消耗已有冲突的内在动力，进而解决已有冲突的一种方法。充分发挥冲突的建设性作用，变一方冲突为多方冲突。实际步骤：第一，制造新的冲突。这个冲突要与原来的冲突相关人有紧密的联系，使冲突相关人旧的冲突尚未完结，又深深陷入一场新的冲突之中，耗费其精力，消磨其斗志，扰乱其心绪，使之陷入困境。第二，控制新冲突的过程和结果。新的冲突指向应该非常明确，冲突规模要设计合理，冲突过程应该始终保持在允许的范畴之内，越出轨道要及时纠正，防止产生破坏性冲突和导致问题复杂化，收到预期结果就要叫停冲突。第三，满足冲突当事人的合理诉求。梅奥（1964）在霍桑试验基础上创造的人际关系学说认为，新的领导方式在于提高员工的满足度。[①] 因此，不要因冲突当事人溃败而歧视他们，要以平等的姿态处理好冲突的收尾工作，对合理诉求要兑现原有的承诺。如果合理诉求得不到满足，就会埋下冲突的种子，待环境适宜时，又会使冲突的闹剧重演。第四，在冲突处理结束后，就要结束新制造的冲突。对冲突过程进行梳理，消除冲突负面影响和产生的冲突

①　Mayo E：《工业文明的社会问题》，费孝通译，商务印书馆1964年版。

构件，根除隐患。

（2）不可控制冲突的处理

这类冲突常为群体事件，是一种只有负面效应没有正面效应的冲突。由于冲突已经发展到白热化的程度，剑拔弩张，发展方向很难确定，冲突的起伏很难驾驭。在这个时候，冲突处理人已经失去了冲突当事人的信任，作为冲突一方与冲突当事人激烈对峙，冲突已不可控制，因此，要采取独特的处理方法。

首先，第三方干预。

赵可（2010）指出，当冲突双方无法达成协议时，可以通过引入第三方来解决冲突。[①] 大卫森（Davidson）（2000）的研究则表明，通过第三方介入来解决冲突问题，冲突双方能够更好地交流，并能感觉到冲突解决过程的公平性和公正性，有助于冲突主体实现双赢。[②]

第三方干预包括：一是调节。调节是冲突圈外的权威人通过说服、引导等方法，促使冲突当事人与冲突处理人平等协商、自愿达成调解协议、解决冲突的活动。它不同于一般的民事调节，冲突当事人一方是公共组织，冲突是公共组织与管理对象间的冲突而非个体与个体间的冲突，因此，具有复杂、多变、被广泛关注的特性。利用调节处理冲突要有几个必要条件。一是冲突当事人有和解的愿望。这是调节能否成功的关键，对此，公共组织在处理冲突时要有准确的判断。如果冲突当事人没有和解的意愿，实行调节不但无益于冲突的解决，还

---

① 赵可：《群体内冲突及冲突管理研究：方法与实证》，学位论文，中南大学 2010 年。

② Davidson J A, Versluys M. *Conflict Resolution Training Within a Schools Setting. Australia Educational Departmental Psychologist*, 2000, 17: pp. 117 – 134.

会扩展冲突，使冲突解决失去良机。二是要选好调解人。调解人要具有公平正义、维护大局、为冲突当事人接受的特质。调解人一般应是代表不同界别利益的群团组织，如工会、共青团、妇联组织等。调解人一旦进入角色，就应该控制局面，减缓冲突，随着调节过程的推进，冲突逐渐淡化。三是要坚持原则。调节当中，公共组织与冲突当事人之间要地位平等，尊重冲突当事人的权利。要对调节内容进行事先界定，调节内容不违背法律、法规和国家政策。要解决什么问题应当指向清晰，避免新的问题加入或衍生出新的问题。

二是仲裁。对于平等主体的公民、法人和其他组织之间发生的合同纠纷或其他财产权益纠纷，可以通过仲裁解决。当冲突当事人与公共组织之间发生上述冲突，因组织本身陷入冲突之中无力解决，"自己的刀削不了自己的把"，可引导冲突当事人选择仲裁的方式解决问题。本着双方自愿的原则，冲突双方达成仲裁协议，并选定仲裁委员会。仲裁根据事实，依据法律，独立进行，因此，容易取得冲突当事人的信任。仲裁程序包括：一是申请和受理。在申请和受理环节，公共组织作为被申请人，在收到仲裁申请书副本后，应当在仲裁规则规定的期限内向仲裁委员会提交答辩书，陈述自己的理由。二是开庭和裁决。仲裁一般采取开庭进行。当事人协议不开庭的，仲裁也可以根据仲裁申请书、答辩书及其他材料作出裁决。仲裁一般不公开进行，这就为缓解冲突、化解冲突提供了必要条件。在这一阶段，公共组织应该对自己的主张提供证据，并针对一些重要问题进行辩论，争取对自己有利的裁决。三是执行裁决。当仲裁组织依法作出裁决后，公共组织要与仲裁申请人共同维护裁决书的法律效力，并不再正面接触，以免引起新的冲突。

　　三是行政诉讼。当冲突当事人对行政机关的行政行为不满意、纠缠不休时，公共组织也可以引导其提起行政诉讼，让其到法院控告自己，通过法院判决解决冲突。《行政诉讼法》规定："公民、法人或者其他组织认为行政机关工作和行政机关工作人员的具体行政行为侵犯其合法权益，可以向人民法院提起诉讼。"这就为通过行政诉讼解决争端提供了法律依据。在参加行政诉讼过程中，公共（行政）组织要注意以下几点：一是选择参加诉讼人。参加诉讼人可以是本机关熟悉情况、业务和法律的干部，也可以委托律师，后者更具有行政诉讼优势。委托律师时，要尽可能详细提供行政行为细节，包括行政行为的初衷、依据的法律法规条文和事实经过，以便其掌握情况，熟悉业务，适应诉讼需要。二是准备证据。包括与行政案件相关的书证、物证、视听材料等。由于行政组织对自己作出的行政行为负有举证责任，因此，必须准备好作出具体行政行为的证据和所依据的规范性文件。三是积极参加诉讼。根据法院规定的时限，向人民法院提交相关材料，并提出答辩状。在法院开庭审理时，要积极出庭应诉，依法为自己辩护。对法院判决不公的，要依法提起上诉。对于发生法律效力的判决和裁定，要予以履行。四是促进履行判决和裁定。在法院作出终审判决后，冲突当事人继续纠缠的，行政机关应不予理睬，要向人民法院反映原告拒不执行判决、裁定情况，追究其法律责任。对冲突当事人拒不依法履行行政行为的，可申请人民法院强制执行，或者依法强制执行。

　　其次，谈判。

　　谈判是冲突双方或多方为了消除分歧，改变关系而交换意见，或为了谋求共同利益而相互磋商的行为和过程。① 这是冲突处理人最后可以采取的几个方法之一，但也不失为一种理性的选择。谈判不是谈话，本质上是进行博弈，因此要做好充分的准备，进行精心的设计，认真的实施。第一，制订详细的方案。包括与谁谈，谈什么，怎么谈，要达到什么目的，可以满足对方什么诉求，要坚决回绝什么，都要有清晰的思路。第二，选好谈判人。对方一定会对谈判人身份、层级提出要求，但要依据实际作出抉择。先派哪个层级的人去谈，谈不拢，再派谁去谈，都要有所设计，否则就会陷入被动和僵局。对谈判代表的特质也要有所要求：忠诚事业，对方能够接受，熟悉谈判内容，反应机敏，表达流畅。此外，谈判人需要院外智囊团的支持，因此，要组织懂法律、熟悉情况、有应对能力的人组成院外智囊团，作为谈判人的后方支撑。作为公共组织也要对对方的谈判人提出合理要求，如权威性、人数等。第三，确定合适的谈判地点。要相对封闭，不受干扰，便于控制，保证安全，我方选定，对方认可。第四，要讲求谈判策略。要彰显诚意，努力取得对方信任，缓和紧张的气氛。要刚柔适度，既要坚持原则，坚守立场，又要动之以情，晓之以理。对若干诉求，要先易后难，先达成一项或几项共识，提振双方谈判的信心。对能够拖延，又拖延有利的事项，可以商洽搁置争议，后期解决。要坚守底线，一般而言，这个底线都是经过认真研究确定的，突破了底线，就会产生新的冲突，即所谓"按住葫芦起来瓢"。在谈判中，要注意解决冲突，依据法律，按照政策办事，失去了这个框架，诉求就会漫无边际，即使达成一致，

---

① 刘越：《社会建构论视域下组织冲突的管理研究》，学位论文，哈尔滨工程大学 2011 年。

也经不起历史的推敲。

最后，武力解决。

这是无奈之举，但也是在博弈桌上可以打出的最后一张牌。武力解决的成本很高，负面效应很大，要慎而又慎。第一，成立强有力的组织架构。首先，要有强力的指挥机构，总指挥要由重要首脑担任，并辅之以智库支持，确保反应及时、决策正确、执行顺畅。在指挥部下，要设有指令传达机构、情报侦察机构、督办机构、后勤机构、医疗机构、消防机构、宣传机构等。各个机构责任边界要清晰，各司其职，协调有力，互相支撑，运转高效。第二，制订周密的工作方案。要达到的目的是什么，在什么时刻抓捕核心成员和骨干分子，以什么理由定罪，对于一般参与者如何处置，各个组织机构如何配合，时间、方法、步骤都要作出具体、详细的安排。第三，建立反应迅速的应变机制。大规模的激烈冲突，现场形势瞬息万变，冲突处理机构必须有快速应变能力，依据冲突所发生的变化，迅速作出应对措施，才能掌控形势发展，掌握冲突处理的主动权。第四，发挥组织网络作用。要赋予基层公共组织责任和义务，使其不做旁观者而当责任人，对冲突参与人实行按块包保，做好教育、引导工作，使之成为冲突管理的一支积极力量。第五，打击极少数，团结大多数。这是处理群体性事件中必须坚持的一条原则。武力所指是极少数的坏人，是打砸抢烧分子，是冲突的策划和制造者，这些人是冲突管理者的敌人，必须拿起法律的武器严惩不贷。对多数受蛊惑的参与者要以包容的心态看待他们，容许他们犯错误，也允许他们停止犯错误和改正错误。要鼓励他们现身说法，疏导其他参与者主动撤出冲突。第六，满足合理诉求。这样做，可以防止冲突留下后遗症，或者死灰复燃。冲突平定之后，公共组织要认真总结和反思，检讨公共组织在过去工作中的过失，建立纠错机制，防止类似事件再度发生，也要对失职渎职者给予应有的处分，以正视听，以警后人。

四　小结

本章基于公共组织冲突不同类型及其三个阶段划分，归纳整理了 22 个案例，根据案例创建公共组织冲突诊断和处理模型。从诊断工具入手，提出用换位法和推论法诊断处于潜在阶段的冲突，用测温法和投石法诊断处于萌芽阶段的冲突，用观察法和调研法诊断处于显现阶段的冲突。基于处于不同阶段冲突的内部构造、表现特征、引发效应不同，提出用消除产生冲突的构件、创造得失平衡、建立共同价值观方法处理潜在阶段的冲突；用转换冲突相关人的认知、把冲突变为积极因素、推迟冲突发生时间、改变冲突发生地点、变换冲突角色方法处理萌芽阶段的冲突；用疏导式、冲击式、冷却式、转移式、妥协式、拔点式、分解式、正面进攻式、迂回包抄式以及利用冲突解决冲突的方法处理显现阶段可控制冲突，用第三方干预、谈判、武力解决方法处理显现阶段不可控制冲突，从而创建了一个系统的公共组织冲突管理方法论。

第六章 公共组织冲突效应和冲突管理效应

一 公共组织冲突的效应

公共组织冲突的产生必然会对公共组织、公共组织内部各部门以及公共组织各个成员产生一定的影响。这种影响我们称之为公共组织冲突的效应。

关于对组织冲突的效应，中外学者早有研究，而且随着时间的推移，观点也出现了不同的变化。罗宾斯（Robbins）（2011）将学者们的观点划分成三类，称之为"冲突观念的变迁"。[①] 第一种观点是传统观点。这种传统观点最为普遍。这种观点认为，冲突是破坏、暴乱等不良行为的同义词，冲突的出现意味着组织内部功能失调，必须加以避免，至今仍有学者持此观点。第二种观点是人际关系观点。学者们通过研究发现组织内的冲突是不可避免的，并且组织冲突具有对群体工作绩效产生积极动力的潜在可能性，因而应当接纳冲突。第三种观点是相

---

① Robbins S P. *Essentials of Organizational Behavior*. 11th Edition. US：Prentice Hall，2011.

互作用观点。代表人物是美国学者科塞（Coser），这一观点认为冲突既可以是社会稳定的破坏力，也可以是社会发展的推动力，群体间的冲突可以使社会保持一种动态的平衡。[①②] 此后，佩尔兹（Pelz）和安德鲁斯（Andrews）（1966），[③] 科恩（Cohen）（1984），[④] 以及施温格（Schwinger）（1989）[⑤] 等学者通过实证研究发现冲突既可能是消极的，也可能是积极的。中国学者潘小军（2007）通过研究归结出 7 种组织冲突的消极影响，但相应地也发现组织冲突存在 5 种积极的影响。[⑥] 刘学（2008）进一步指出建设性冲突可以促进组织变革。[⑦] 刘炜（2010）指出尽管目前仍有学者对组织冲突持全面否定态度，但相互作用观点已得到大多数学者的广泛认可，并广为流行。[⑧] 张钢、曹评（2010）指出，不同类型的冲突会产生不同的效应，关系冲突与组织绩效具有负相关性，而任务冲突则与组织绩效具有正相关性。[⑨]

陈晓红（Chen X H）（2012）等人检验了冲突管理行为对满意度和创新绩效的影响，研究结果表明，倾向于采取合作型

① Coser L A. *Functions of Social Conflict. US：Simon and Schuster*，1957.

② 张卫：《当代西方社会冲突理论的形成及发展》，《世界经济与政治论坛》2007 年第 5 期，第 117—121 页。

③ Pelz D C，Andrews W P. *Scientists in Organizations：Productive Climates for Research and Developmeng*. New York：Wiley，1966.

④ Cohen M D. *Conflict and Complexity：Goal Diversity and Organizational Search Effectiveness. The American Political Science Review*，1984，78（2）：pp. 436 –451.

⑤ Schweiger D，Sandberg W，Rechner P. *Expercintial Effects of Dialectical Inquiry，Devil's Advocacy，and Consensus Approaches to Strategic Decision Making. Academy of Management Journal*，1989，32：pp. 745 –772.

⑥ 潘小军：《我国行政组织冲突管理的辩证思考》，学位论文，四川师范大学 2007 年。

⑦ 刘学：《我国公共组织内部的冲突与管理论析》，学位论文，东北师范大学 2008 年。

⑧ 刘炜：《企业内部冲突管理研究》，经济管理出版社 2010 年版。

⑨ 张钢、曹评：《基于归因理论的冲突类型分析》，《管理评论》2010 年第 3 期，第 86—92 页。

冲突管理行为的组织成员拥有相对更高的满意度，同时回避型的冲突管理行为与创新绩效负相关。①

总结中外学者研究成果，笔者认为，公共组织冲突具有明显的两面性：一方面，破坏性的冲突会给整个组织带来消极影响，产生负面效应，造成组织成员时间与精力的浪费，阻碍组织目标实现。另一方面，建设性冲突会给组织带来积极影响，产生正面效应，有助于组织及时发现并解决问题，增加组织成员的心理认同感，促进个人与组织建立真正的和谐关系。

通过研究笔者发现，建设性冲突和破坏性冲突既可能是两种冲突形式，也可能是一个冲突的两个方面，其所产生的冲突效应也会随着时间或空间的变化而不断发生变化，甚至在一定条件下，建设性冲突和破坏性冲突可以相互转化。如果对建设性冲突不进行科学有效的管理，冲突所产生的正面效应很有可能渐渐演化成负面效应。如果对破坏性冲突置之不理，任其发展，其产生的负面效应就可能会越来越大，甚至会爆发为更大的冲突，产生更大负面效应；而对破坏性冲突如果采取科学的管理手段和方法进行恰当的引导，冲突的负面效应就会减小，还很有可能向正面效应转变。因此，面对冲突，只有进行有效的管理，才能最大限度地增加冲突的正面效应，同时降低冲突的负面效应。

在组织冲突管理方面，我国学者大多对已有的西方研究成果表示认同，认为托马斯（Thomas）提出的回避、竞争、忍让、合作以及妥协等冲突处理策略也可以解决我国的公共组织

---

① Chen X H, Zhao K, Liu X, Wu D D. *Improving Employees' Job Satisfaction and Innovation Performance Using Conflict Management. International Journal of Conflict Management*, 2012, 23（2）: pp. 151 – 172.

冲突管理问题。一些学者在西方冲突管理理论的基础上提出了公共组织冲突管理方法，例如可以采取回避、协商等方法解决突发性冲突，[①] 可以采取压制、调节等方法解决公共组织冲突。[②] 此外李琼（2005）在借鉴西方冲突管理理论的基础上，结合我国国情，提出了划分与整合利益边界、寻求权力边界的平衡点、冲突的制度组控管理策略，并加以实证。[③] 韩平（2006）则提出了"和谐管理"的理念，针对"物"的因素，运用"谐则"加以优化，针对"人"的因素，运用"和则"消减冲突过程中的不确定性。[④]

无论对冲突如何进行管理，作为管理者都必须思考一个问题，即冲突管理效应如何？冲突管理者去处理一个冲突，除非是一个指令性的任务，否则，都要考虑这件事要费多大的事？效率会是怎样？值不值得管？如果管与不管都是一个样子，甚至管还不如不管，管理者往往会放弃管理。这说明，对冲突管理效应的重视和判断是客观存在的，对管理效应进行理性的剖析，发现其内在的规律，就会使冲突管理减少盲目性，提高冲突处理效率。

二　公共组织冲突管理效应

（一）冲突管理效应的内涵

冲突管理效应与冲突效应有着本质的区别。冲突效应是冲

---

① 刘学：《我国公共组织内部的冲突与管理论析》，学位论文，东北师范大学 2008 年。
② 潘小军：《我国行政组织冲突管理的辩证思考》，学位论文，四川师范大学 2007 年。
③ 李琼：《冲突的构成及其边界》，学位论文，上海大学 2005 年。
④ 韩平：《行政组织内部冲突的和谐管理》，学位论文，苏州大学 2006 年。

突的结果所带来的影响，有建设性和破坏性之分。在本书中，如果一种效应由若干原因所引发，那么就称后者为前者所包含的因子。由于冲突效应只包含一个因子即冲突，因此，考察冲突效应是单方面的，只分析冲突本身引发的结果和影响。而冲突管理效应则不然，它包含了冲突和管理两个因子。

已有研究较少同时考虑冲突和相应管理行为，研究者对于冲突的研究局限于冲突或管理中的单一方面，相关研究未能充分反映管理活动对冲突的潜在影响。① 在早期的研究中，冲突往往被看作是具有负面效应的矛盾和争执，但随着相关研究的不断深入，有研究者发现，冲突在满足一定条件时也可能以建设性的方式发生，此时其产生的就是积极影响。② 而冲突能否以建设性的形式发生，产生积极的效应，则在很大程度上取决于对冲突的管理方式，乔斯佛德（Tjosvold）等人（2006，2008）、③④ 贝法尔（Behfar）等人（2008）⑤ 的研究都证明了这一点。

因此，对冲突管理效应的考察必须包括两个方面：冲突效应和管理效应。管理是需要成本的，如果冲突管理成本过大，

---

① 陈晓红、赵可：《团队冲突、冲突管理与绩效关系的实证研究》，《南开管理评论》2010年第5期，第31—35页。

② Jehn K A, Gregory B N, Margaret A N. *Why Differences Make a Difference：A Field Study of Diversity, Conflict, and Performance in Workgroups. Administrative Science Quarterly*, 1999, 44 (4)：pp. 741 – 763.

③ Tjosvold D, Law K S, Sun H. *Effectiveness of Chinese Teams：The Role of Conflict Types and Conflict Management Approaches. Management and Organization Review*, 2006, 2 (2)：pp. 231 – 252.

④ Tjosvold D. *The Conflict – positive Organization：It Depends Upon Us. Journal of Organizational Behavior*, 2008, 29 (1)：pp. 19 – 28.

⑤ Behfar K, Peterson R, Mannix E, Trochim W. *The Critical Role of Conflict Resolution in Teams：A Close Look at the Links Between Conflict Type, Conflict Management Strategies and Team Outcomes. Journal of Applied Psychology*, 2008, 93 (1)：pp. 170 – 188.

冲突管理效应等于零或负数，冲突就没有管理的必要了，应该取消管理；或者冲突管理方法出现错误，需要更换方法。由此我们可以给出冲突管理效应的定义：它是冲突管理的结果和影响，是扣除冲突管理成本后的净收益。

（二）冲突管理效应的类型

笔者认为，冲突管理效应的类型大致可分为三种：（1）盈余型。冲突管理效应为正数。在冲突管理中，投入的成本很小，但收效很大，收支相抵，冲突管理出现了盈余。这是我们作为冲突管理者都愿意看到的一种结果。（2）亏损型。冲突管理效应为负数。管理冲突作出了很大努力，投入了很高的成本，但收效甚微，收支相抵，入不敷出。这是我们都不愿意看到的现象。而在现实生活中，这样的情况又屡见不鲜。一些公共组织平时不研究冲突，在工作中又制造了不少冲突，有的是因为个人私利，有的是工作方法失当，而当冲突到来时又惊恐万状，不知所措，倾全局之力去解决冲突，不管浪费多少资源，反正把矛盾压住就行。这种不计成本的冲突管理无形中增大了社会管理成本和国家治理成本，本身又在孕育更大的社会冲突。（3）零收益型。投入的成本和获取的收益相等，收支相抵为零。对这样的冲突，最好不予理睬，任其自消自灭。

（三）冲突管理效应的计量

经过笔者研究发现，冲突管理效应是可以计量的。计量公式如下：

$$Em = Gc + Gi - Cm \tag{6—1}$$

其中：Em 表示冲突管理效应；

Gc 表示冲突的组织收益；

Gi 表示冲突管理增加的组织收益；

Cm 表示冲突管理成本。

其中，冲突管理组织收益包括：组织绩效的提高、组织形象的提升、组织目标的实现、良好的社会效果，组织收益在破坏性冲突时是负数；在建设性冲突时是正数。冲突管理增加的组织收益是通过冲突管理组织绩效的提高、组织形象的提升、组织目标的实现、良好的社会效果所增加的部分。冲突管理成本包括：冲突管理所付出的时间、人力、物力、财力成本。组织绩效可以在绩效考评表上取得；组织形象的提升和良好的社会效果可以通过满意度调查取得；组织目标的实现可以通过目标考核取得；人力、物力、财力，可以在财务报表上取得。

通过对冲突管理效应的计量，可以对冲突管理的效应进行定量的评估，从中取得经验和教训。依据上述计量方法，还可以对冲突管理成本进行预测，以便对冲突管理方法进行选择或对错误的管理办法进行调整。

（四）冲突管理成本效益模型

为了对冲突管理效应进行全面深入分析，我们需要建立三种数学模型。

1. 短期的冲突管理成本效益模型

图6—1（a）中 A 反映的是正确的冲突管理方法的成本效益状态：随着成本的增加，效益也在增加，两者的增加数量基本相等，呈正比关系，成本效益曲线与纵轴线和横轴线都呈45°角。但经常出现的是另外两种情形：一是冲突管理方法针对性强，成本减少，效益增加，这时候，冲突成本效益曲线向

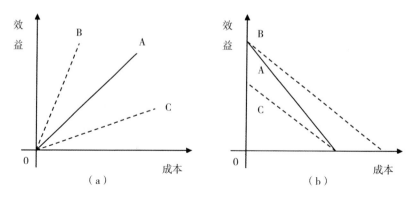

图6—1 短期的冲突管理成本效益曲线

上倾斜，形成了曲线 B。二是冲突管理方法针对性减弱，成本增加快于效益增加，这时冲突成本效益曲线向下倾斜，形成了曲线 C。由此可以得到以下假设：

假设15：正确的冲突管理方法的成本效益状态是：随着成本的增加，效益也在增加。

图6—1（b）反映的是冲突管理方法出现了错误，这时候，成本不断增加，但效益却在不断减少，成本效益曲线离开了原点，与纵轴和横轴形成了一个直角三角形，出现了曲线 A。但在通常情况下，由于冲突管理方法的错误程度不一样，会出现两种情形：一是曲线向右倾斜，反映成本在增加，效益不变，出现了曲线 B。二是曲线向左倾斜，反映成本增加，但效益在减少，出现了曲线 C。由此笔者提出以下假设：

假设16：错误的冲突管理方法的成本效益状态是：成本不断增加，但效益却在不断减少。

我们在进行冲突管理时，要努力创造图6—1（a）所反映的状态，并力图使成本效益曲线向上倾斜，用较小的成本取得较大的效益。要努力避免图6—1（b）所反映的状态，成本增加但效益在减少。如果这一情况已经发生，则应进一步防止出现曲线 B 和 C 所反映的情况，成本不断增加但效益不变，或成本虽然不变但效益却在不断下降。

2. 极端情况下短期的冲突管理成本效益模型

在极端情况下，短期的冲突管理成本效益曲线还会出现图 6—2 中的情况：

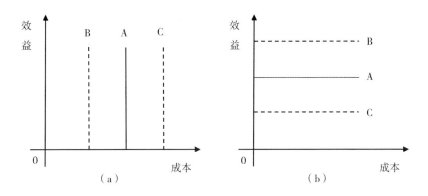

图6—2 极端情况下短期的冲突管理成本效益曲线

在图 6—2（a）中，冲突管理方法非常正确，用了有限的成本，但取得的效益无限增加，出现了曲线 A。随着对冲突管理方法的补充完善，冲突管理的路径更加符合实际情况，成本效益曲线向左移动，管理成本降低了，但效益还是无限地增加。当冲突管理的某些路径出现了瑕疵，虽然从大的方面看，冲突管理方法依然正确，但成本效益曲线向右移动，成本增加了，但效益还会无限增长。这是冲突管理非常理想的图景，是冲突管理努力的方向。由此笔者提出以下假设：

假设 17：当采取的冲突管理方法非常正确时，用有限的成本，可以取得无限的效益。

图 6—2（b）表达的是：效益是固定的，但成本在无限增加，出现了成本效益曲线 A，这说明，所采取的冲突管理方法是错误的。更有甚者，效益进一步降低，但成本仍在无限地增加，如曲线 C 所示。稍好一点的情形是曲线 B 所反映的情形，成本在无限增加，但效益毕竟有了一点提高。无论如何，图 6—2（b）所表达的冲突管理现象都是实际操作中的败笔。由此笔者提出以下假设：

假设 18：当采取的冲突管理方法绝对错误时，效益是固定的，但成本会无限增加。

3. 长期冲突管理成本效益模型

冲突可以看作是按照时间顺序进行组合的一系列事件，因而冲突及相关的管理活动在不同时期会表现出不同的动态性特征，[①] 同一类型的冲突在不同的时间也会具有不同的冲突管理效应。[②] 如图 6—3 所示，如果对冲突的处理时间过长，冲突管理成本效益曲线会出现近似梯形的状态，并呈现出不同时期的特征。（1）上升期。这时的曲线会出现图 6—1（a）的特征，随着成本的增加，效益也会增加。（2）平台期。当曲线到达了峰值 A 点，虽然成本在增加，但效益不变，出现图 6—2（b）的特征。（3）衰减期。当曲线到达了拐点 B，这时的曲线会出现图 6—1（b）的特征，成本不断增加，效益在不断减少。

① Pondy L R. *Organizational Conflict*：*Concepts and Models. Administrative Science Quarterly*，1967，（12）：pp. 296 – 320；Thomas，K W. *Conflict and Conflict Management*：*Reflections and update. Journal of Organizational Behavior*，1992，13（3）：pp. 265 – 274；Greer L L，Jehn K A，Mannix E. *Conflict Transformation*：*A Longitudinal Investigation of the Relationships Between Different Types of Intragroup Conflict and the Moderating Role of Conflict Resolution. Small Group Research*，2008，39（3）：pp. 278 – 302.

② 戴健林、王乐伟：《人际冲突：理论模型与化解方式的研究》，《华南师范大学学报（社会科学版）》2008 年第 6 期，第 110—116 页。

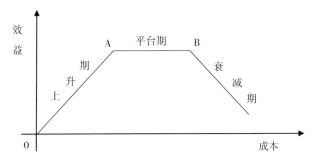

图6—3　长期冲突管理成本效益曲线

图6—3所揭示的是一个冲突管理的规律：如果处理冲突的时间过长，在起始阶段，由于方法得当，冲突管理成本效益曲线呈现出短期的特点，投入的成本与取得的效益成正比；随着时间的拉长，即便是正确的处理方法，也会在实现了最大效力后失去作用，当达到了成本与效益的峰值，效益开始止步不前，成本再大也无济于事；时间进一步拉长，冲突处理会变得更为复杂，即使再进一步投入，冲突处理也会向相反的方向发展，成本加大，效益减少。这就告诉我们，处理冲突绝不要时间过长，要力争短平快，快刀斩乱麻，防止冲突管理发生逆转。由此笔者提出以下假设：

假设19：如果处理冲突的时间过长，在起始阶段，投入的成本与取得的效益成正比；但当达到了效益的峰值，再增加成本，效益也不再增加；如果再进一步投入，冲突则会向相反的方向发展，成本越大，效益反而越少。

在本节中，笔者建立了短期冲突管理成本效益模型、极端情况下短期冲突管理成本效益模型和长期冲突管理成本效益模型。模型虽然称为曲线，但画出的多为直线，这是因为，在近代数学严格的理论体系中，任何一根连续的线条都被称为曲线，因此，直线也包含在曲线形态之中。同时，在冲突管理的实践中，成本和效益的消长会受各种因素的影响，从而呈现出不规则的线性关系，因此，也一定会呈现不规则的曲线。在本文中，三条曲线反映的是定性而非定量分析的结果，揭示的是冲突管理效应的几种趋向，画出这种趋向性的曲线是为了叙述简洁和理解直观。

（五）冲突管理成本和效益控制原则

通过研究笔者认为：在冲突管理中，应当遵守以下几条原则：（1）最大限度地减少成本。成本过大，不仅造成资源的浪费，而且还会提高冲突当事人的期望值，增加处理冲突的复杂性。（2）最大限度地扩大效益。通过总结经验和教训，以利于其他冲突问题的解决；通过宣传工作成果，提升组织形象；通过举一反三建章立制，杜绝类似的冲突发生。（3）当期效益必须大于成本。如果当期效益小于当期成本，就表明冲突处理的失败。坚持当期冲突管理效应为正数，有利于提振冲突管理者的信心，对冲突当事人的心理形成压力和震慑，以利于组织冲突的解决。（4）成本过大——分期摊销。这是解决当期冲突成本大于效益的一个重要方法。有些冲突过大、过于激烈，就要把它分割成若干阶段，在一定时间内集中处理一个阶段的问题，分步推进，步步为营，确保每战必胜。在某个具体阶段，冲突成本太高，就要考虑把冲突的某一部分或某几部分放在下一阶段或后期解决，以缓解冲突处理的紧张程度。相反，把几个本来可以分割的冲突问题放在同一时点解决，无形中累积了冲突的能量，会引起当量很大的爆炸，导致冲突处理的失败。

三　冲突管理效应实证分析

（一）冲突管理效应分析

1. 冲突管理效应的分类

本研究所发放的调查问卷中将冲突管理效应分为"盈余型"、"亏损型"、"零净收益型"以及"其他"等类型，在对调查问卷进行分析处理后，上述冲突管理效应各分类得分的总体情况见表6—1所示。从表中可以看出，调查对象对于将冲突管理效应分为"盈余型"、"亏损型"、"零净收益型"等持比较认可的态度，同时这三项的得分均值都大于"其他"选项，说明本研究将冲突管理效应分为上述几类是合理可行的。

表6—1　　　　　　冲突管理效应类型的调查统计结果

冲突管理效应类型	均值（Mean）	标准差（Std. Deviation）
盈余型	3.7253	1.1385
亏损型	3.6813	1.1122
零净收益型	3.6044	1.1122
其他	3.3901	0.9572

2. 冲突管理的成本

本研究所发放的问卷中对冲突管理成本的描述有如下几类："有成本的"、"没有成本"、"效益大于成本"、"效益小于成本"、"有无成本无所谓"以及"其他"。在对调查问卷进行分析处理后，上述对冲突管理成本的各类描述得分总体情况见表6—2所示。从表中可以看出，调查对象对于"冲突管理是有成本的"这一描述非常认可，对应选项的得分均值为

4.3352，远高于其他选项的得分均值，这一结果表明冲突管理成本的客观存在性，也意味着进一步研究冲突管理成本的合理性与可行性。

此外，在上述6个选项中，"效益大于成本"选项得分均值为3.6731，仅低于"冲突管理是有成本的"选项，这表明调查对象普遍较为认同冲突管理的效益应大于成本，进一步表明进行冲突管理是必要的，也意味着对冲突管理成本和效益进行研究是有意义的。

表6—2　　　　　　　　　　冲突管理成本认知的调查统计结果

对冲突管理成本的描述	均值（Mean）	标准差（Std. Deviation）
是有成本的	4.3352	0.7102
效益大于成本	3.6731	1.0577
效益小于成本	2.9808	1.1629
有无成本无所谓	2.7005	1.2425
没有成本	2.4066	1.3705
其他	3.3324	0.8919

3. 冲突管理成本和效益控制原则

本研究所发放的问卷中给出了以下几种冲突管理成本和效益的控制原则："最大限度地减少成本"、"最大限度地扩大效益"、"坚持当期效益必须大于成本的原则"、"成本过大——分期摊销"以及"其他"。在对调查问卷进行分析处理后，上述冲突管理成本和效益控制原则的得分总体情况见表6—3所示。从表中可以看出，调查对象对于"最大限度地减少成本"和"最大限度地扩大效益"这两项原则非常认可，其得分均值分别为4.2500和4.1181，远高于其他选项的得分均值。同时，对于"最大限度地减少成本"和"最大限度地扩大效益"这两项原则而言，由于前者得分均值大于后者，所以可以认为调查对象相对更认可第一项原则，即调查对象更倾向于认为冲突管理应该"最大限度地减少成本"。

表6—3　　　　冲突管理成本和效益的控制原则的调查统计结果

冲突管理成本和效益控制原则	均值（Mean）	标准差（Std. Deviation）
最大限度地减少成本	4.2500	0.8532
最大限度地扩大效益	4.1181	0.8968
坚持当期效益必须大于成本的原则	3.5632	1.0570
成本过大——分期摊销	3.2912	1.0797
其他	3.3132	0.8468

4. 对所提出假设的实证分析

假设15：正确的冲突管理方法的成本效益状态是：随着成本的增加，效益也在增加。

假设16：错误的冲突管理方法的成本效益状态是：成本不断增加，但效益却在不断减少。

假设17：当采取的冲突管理方法非常正确时，用有限的成本，可以取得无限的效益。

假设18：当采取的冲突管理方法绝对错误时，效益是固定的，但成本会无限增加。

假设19：如果处理冲突的时间过长，在起始阶段，投入的成本与取得的效益成正比；但当达到了效益的峰值，再增加成本，效益也不再增加；如果再进一步投入，冲突则会向相反的方向发展，成本越大，效益反而越少。

冲突管理中成本与效益的关系。本研究所发放的问卷中对冲突管理效益与成本的关系给出了如下几种描述："正确的冲突管理方法的成本效益状态是：随着成本的增加，效益也在增加"、"错误的冲突管理方法的成本效益状态是：成本不断增加，但效益却在不断减少"、"当采取的冲突管理方法非常正确时，用有限的成本，可以取得无限的效益"、"当采取的冲突管理方法绝对错误时，效益是固定的，但成本会无限增加"、"如果处理冲突的时间过长，在起始阶段，投入的成本与取得的效益成正比；但当达到了效益的峰值，再增加成本，效益也不再增加；如果再进一步投入，冲突则会向相反的方向发展，成本越大，效益反而越少"。在对调查问卷进行分析处理后，上述描述的得分总体情况见表6—4所示。

表6—4　　　　冲突管理成本和效益关系认知的调查统计结果

冲突管理中成本与效益的关系	均值（Mean）	标准差（Std. Deviation）
题目5—7：正确的冲突管理方法的成本效益状态是：随着成本的增加，效益也在增加	3.6099	1.1386
题目5—8：错误的冲突管理方法的成本效益状态是：成本不断增加，但效益却在不断减少	3.8681	1.0361
题目5—9：当采取的冲突管理方法非常正确时，用有限的成本，可以取得无限的效益	3.8571	1.0104
题目5—10：当采取的冲突管理方法绝对错误时，效益是固定的，但成本会无限增加	3.4396	1.2170
题目5—11：如果处理冲突的时间过长，在起始阶段，投入的成本与取得的效益成正比；但当达到了效益的峰值，再增加成本，效益也不再增加；如果再进一步投入，冲突则会向相反的方向发展，成本越大，效益反而越少	3.7555	0.9893

从表中可以看出，调查对象对于上述几种冲突管理中成本

与效益的关系都持比较认可的态度，这表明本研究所提出的几种冲突管理成本效益模型基本反映了冲突管理过程中成本与效益之间的真实关系。也支持了笔者提出的正确的冲突管理方法的成本效益状态是：随着成本的增加，效益也在增加；错误的冲突管理方法的成本效益状态是：成本不断增加，但效益却在不断减少；当采取的冲突管理方法非常正确时，用有限的成本，可以取得无限的效益；当采取的冲突管理方法绝对错误时，效益是固定的，但成本会无限增加等假设15、假设16、假设17、假设18的客观性。

（二）冲突管理成本效益曲线形态分析

下面，主要对图6—1、图6—2、图6—3中的曲线形态进行进一步分析。

1. 图6—1（a）中的曲线形态分析。从表6—2和表6—4的分析结果可以看出，本研究中的调查对象对于题目5—4—3"冲突管理的效益大于成本"以及题目5—7"随着冲突管理成本的增加，冲突管理的效益也在增加"这两个题目的描述都持认可的态度。不难发现，如果"随着冲突管理成本的增加，冲突管理的效益也在增加"成立，此时的冲突管理成本效益模型对应于前图6—1（a）所描述的三种短期的冲突管理成本效益曲线中的Λ、B或C中的任意一种，在这种情况下，如果"冲突管理的效益大于成本"成立，则冲突管理成本效益模型可以确定为上述冲突管理成本效益曲线A、B、C中的B型成本效益曲线。

表6—5中采用相关分析法分析这二者之间的相关系数，在此基础上分析"冲突管理的效益大于成本"以及"随着冲突

管理成本的增加，冲突管理的效益也在增加"是否同时成立。在具体的分析过程中，主要采用 Kendall 相关系数、Spearman 相关系数以及 Pearson 相关系数进行上述两种描述之间的相关性分析。从表6—5可以看出，"冲突管理的效益大于成本"以及"随着冲突管理成本的增加，冲突管理的效益也在增加"两者之间的 Kendall 相关系数、Spearman 相关系数以及 Pearson 相关系数分别为0.343、0.400以及0.349，这三个相关系数对应的显著性水平均为0.00，小于0.01，即"冲突管理的效益大于成本"以及"随着冲突管理成本的增加，冲突管理的效益也在增加"两者显著相关，进一步说明，如果调查对象认同"随着冲突管理成本的增加，冲突管理的效益也在增加"，那么其也更倾向于认同"冲突管理的效益大于成本"，反之亦然。也就是说，本研究中的调查对象基本认同的冲突管理成本效益曲线是前图6—1（a）所描述的 B 曲线。

表6—5　Kendall **相关系数**、Spearman **相关系数和** Pearson **相关系数表**

			5—4—3	5—7
肯德尔相关系数 （Kendall's tau_b）	5—4—3	相关系数 （Correlation Coefficient）	1	0.343＊＊
		显著性（双尾） Sig.（2－tailed）	.	0
		样本量 （N）	364	364
	5—7	相关系数 （Correlation Coefficient）	0.343＊＊	1
		显著性（双尾） Sig.（2－tailed）	0	.
		样本量 （N）	364	364

续表

			5—4—3	5—7
斯皮尔曼相关系数 (Spearman's rho)	5—4—3	相关系数 (Correlation Coefficient)	1	0.400
		显著性（双尾） Sig.（2－tailed）	.	0
		样本量 (N)	364	364
	5—7	相关系数 (Correlation Coefficient)	0.400**	1
		显著性（双尾） Sig.（2－tailed）	0	.
		样本量 (N)	364	364
皮尔逊相关系数 (Pearson Correlation)	5—4—3	相关系数 (Correlation Coefficient)	1	0.349**
		显著性（双尾） Sig.（2－tailed）		0
		样本量 (N)	364	364
	5—7	相关系数 (Correlation Coefficient)	0.349**	1
		显著性（双尾） Sig.（2－tailed）	0	
		样本量 (N)	364	364

**. 在0.01水平下显著相关（双尾）.
(**. Correlation is significant at the 0.01 level（2－tailed）).

2. 图6—1（b）中的曲线形态分析。以364份有效问卷为基础，将所有调查对象对于问卷中1—14题的回答情况进行汇总分析，其中364名调查对象中有336人认为需要对公共组织中的冲突进行管理，即92.3%的调查对象认为公共组织中需要进行冲突管理，同时，所有认为需要冲突管理的336人中有298人比较同意或非常同意题目5—5—1"冲突管理成本和效益控制应最大限度减少成本"，即认为需要冲突管理的调查对象中有88.7%认为进行冲突管理时应最大限度减少成本。

类似的，在上述 336 名调查对象中有 268 人比较同意或非常同意题目 5—5—2 "冲突管理成本和效益控制应最大限度扩大效益"，即认为需要冲突管理的调查对象中有 79.8% 认为冲突管理时应最大限度扩大效益。

反之，比较同意或非常同意冲突管理成本和效益控制应最大限度减少成本的调查对象共有 319 名，占 364 名调查对象的 87.6%，而在这 319 名调查对象中有 298 人认为需要进行冲突管理，即认为应最大限度减少成本的调查对象中有 93.4% 认为应该进行冲突管理；同时，比较同意或非常同意冲突管理和效益控制应最大限度扩大效益的调查对象共有 287 人，占 364 名调查对象的 78.9%，而在这 287 名调查对象中有 268 人认为需要进行冲突管理，即认为应最大限度扩大效益的调查对象中有 93.4% 认为应该进行冲突管理。

在上述调查分析结果的基础上，可以进一步分析图 6—1 (b) 中冲突管理成本效益曲线的客观性。对于图 6—1 (b) 中的曲线 A 而言，由于其向下倾斜，则意味着冲突管理可以在成本不断增加的同时效益却不断减少，由于本研究中的大部分调查对象普遍认可冲突管理应最大限度减小成本并最大限度扩大效益，所以在图 6—1 (b) 中，冲突管理的最佳位置是曲线 A 与纵坐标轴的焦点，这就意味着在冲突发生时，不进行冲突管理即可获得最大的效益。但从上述对统计结果的分析来看，大部分认为冲突管理要最大限度减少成本和最大限度扩大效益的调查对象都认为需要进行冲突管理，而对曲线 A 上的冲突管理最佳位置进行分析得出的结论则是不需进行冲突管理，显然二者之间存在矛盾，这就意味着图 6—1 (b) 中的冲突成本效益曲线 A 是不合理的，表明曲线 A 对应的冲突管理方法出现了错误。同理，图6—1（b）中的冲突成本效益曲线 B 和 C 也与错误的冲突管理办法对应，其与曲线 A 的区别则在于冲突管理方法的错误程度不同。

3. 图6—2 中的曲线形态分析。同样以上述的统计分析结果为基础，大部分认为需要进行冲突管理的调查对象同样也认为冲突管理应当最大限度扩大效益和最大限度减少成本，此时：

一方面，对于图6—2（a）而言，若冲突管理成本既定，且冲突管理方法完全符合最大限度扩大效益的原则，那么在极端的情形下将会使得既定的冲突管理成本对应于无限增加的效益，此时冲突管理成本效益曲线即图6—2（a）中的曲线 A，对冲突管理方法的进一步补充完善会使曲线 A 向左移动至 B 处，而冲突管理路径出现瑕疵时，曲线 A 则向右移动至 C 处。

另一方面，对于图6—2（b）而言，若冲突管理效益既定，但冲突管理方法完全违背最大限度减少成本的原则，那么在极端的情形下将会使得既定的冲突管理效益对应于无限增加的成本，此时冲突管理成本效益曲线即图6—2（b）中的曲线 A，在情况略有好转时，曲线 A 移动至 B 位置，而当情况恶化时曲线 A 则移动至 C 位置。

4. 图6—3 中的曲线形态分析。以 364 份有效问卷为基础，将所有调查对象对丁问卷中题目 5—7、5—8、5—10 和 5—11 的回答情况进行汇总分析。

将调查对象对于题目 5—7 的回答进行汇总分析，结果表明共有 214 人比较同意或非常同意冲突管理方法正确时效益随着成本的增加而增加，其中 174 人同时也比较同意或非常同意题目 5—11 "如果处理冲突的时间过长，在起始阶段，投入的成本与取得的效益成正比；但当达到了效益的峰值，再增加成本，效益也不再增加；如果再进一步投入，冲突则会向相反的方向发展，成本越大，效益反而越少"，即认为冲突管理方法正确时效益随着成本的增加而增加的调查对象中81.3%也认同近似梯形的长期冲突管理成本效益曲线。

将调查对象对于问卷题目5—8的回答进行汇总分析，结果表明共有247人比较同意或非常同意冲突管理方法错误时效益随着成本的增加而减少，其中187人同时也比较同意或非常同意题目5—11"如果处理冲突的时间过长，在起始阶段，投入的成本与取得的效益成正比；但当达到了效益的峰值，再增加成本，效益也不再增加；如果再进一步投入，冲突则会向相反的方向发展，成本越大，效益反而越少"，即认为冲突管理方法错误时效益随着成本的增加而减少的调查对象中75.7%也认同近似梯形的长期冲突管理成本效益曲线。

将调查对象对于问卷题目5—10的回答进行汇总分析，结果表明共有199人比较同意或非常同意"冲突管理方法错误时，效益固定而成本则无限增加"，其中175人同时也比较同意或非常同意题目5—11"如果处理冲突的时间过长，在起始阶段，投入的成本与取得的效益成正比；但当达到了效益的峰值，再增加成本，效益也不再增加；如果再进一步投入，冲突则会向相反的方向发展，成本越大，效益反而越少"，即认为冲突管理方法错误时，效益固定而成本则无限增加的调查对象中87.9%也认同近似梯形的长期冲突管理成本效益曲线。

同时，对5—7、5—8、5—10和5—11题的回答情况进行相关性分析，可以得到5—11题回答结果与5—7、5—8、5—10题回答结果的相关系数分别为0.451、0.318和0.597，对应的显著性水平分别为 0.000、0.000 和 0.000，即 5—11 题回答结果与 5—7、5—8、5—10 题回答结果显著正相关，意味着调查对象对于 5—11 题的回答结果与题目 5—7、5—8、5—10 回答结果具有显著的趋同性。

上述分析表明调查对象对于题目 5—7、5—8、5—10 中所描述曲线和题目 5—11 所描述曲线的认知表现出一致性。同时考虑到题目 5—7、5—8、5—10 所描述的冲突管理成本效益曲线特征已经通过前文的实证分析得以确定，其符合实际情况并得到调查对象的认可，并且题目 5—11 所描述的曲线同时表现出题目 5—7、5—8、5—10 中曲线的多种特征，所以题目 5—11 所描述曲线对应的冲突管理规律是实际存在并获得调查对象认可的，即长期冲突管理成本效益曲线呈现出图 6—3 中的梯形状态。这也从另一个角度证明了假设 19 的客观性。

四　小结

本章在总结中外学者关于组织冲突效应研究成果基础上，界定了公共组织冲突管理效应的内涵，划分了公共组织冲突管理效应三种类型：盈余型、亏损型、零收益型，提出公共组织冲突管理效应计量模型和冲突管理成本效益模型，运用调查问卷实证方法对提出的冲突管理成本效益模型的假设进行了实证，并提出冲突管理成本和效益控制应遵循最大限度地减少成本、最大限度地扩大效益、当期效益必须大于成本、成本过大——分期摊销的原则。

附录一
公共组织冲突管理调查问卷

家庭住址：_____省

尊敬的被访者：

    为了真实、全面地了解我国公共组织的冲突管理现状（您可以把冲突理解为矛盾），我们编制了此问卷进行调查，请您给予支持。问卷的回答以无记名形式提交，只作为概率统计使用，以便对我国公共组织冲突管理进行定量分析，与对您和您所在单位的冲突评价无关。我们也将依法对此问卷进行保密处理，希望您反映真实情况。真诚感谢您的合作！

    一 您和您所在组织的基本情况

单项选择，将您认为最适合的选项序号填入空白处。

1. 您的性别：_____

①男 ②女

2. 您的年龄是：_____

①30 岁以下 ②31—40 岁 ③41—50 岁

④51—60 岁 ⑤60 岁以上

3. 您的受教育程度：＿＿＿＿＿＿

①高中以下　②高中　③大专　④本科　⑤硕士及以上

4. 您的行政职务：＿＿＿＿＿＿

①一般工作人员　②处级　③厅级

5. 您所在组织的性质：＿＿＿＿＿＿

①党委　②人大　③政府　④政协　⑤群团　⑥检法

6. 您所在组织机关的规模：＿＿＿＿＿＿

①50人以下　②51—100人　③101—150人

④151—200人　⑤200人以上

7. 您处理冲突的时间占到了您工作时间的：＿＿＿＿＿＿

①5%以下　②5%—10%　③10%—15%　④15%—20%

⑤20%以上

8. 在公共组织中存在适度冲突：＿＿＿＿＿＿

①存在　②不存在　③说不清

9. 您所在单位中个人冲突发生的频度是：＿＿＿＿＿＿

①一年都难得发生一次　②几个月才能发生一次

③一般每个月发生　④几乎每周发生　⑤几乎每天发生

10. 您所在单位中部门冲突发生的频度是：＿＿＿＿＿＿

①一年都难得发生一次　②几个月才能发生一次

③一般每个月发生　④几乎每周发生　⑤几乎每天发生

11. 当发生个人冲突时，您的感觉是：＿＿＿＿＿＿

①很焦虑，希望快点解决

②等待时机，寻找对自己有利的解决方案

③无所谓

12. 您对冲突的态度是：＿＿＿＿＿＿

①大有好处，应积极引导

②没什么好处，害处挺大应尽力避免

③有好处也有坏处，视具体情况而定

④说不清

13. 您所在的组织中冲突表现最突出的是在：_____

①组织核心管理层 ②中层管理人员

③基层管理人员 ④一般工作人员

14. 在公共组织中，对冲突需不需要进行管理：_____

①需要 ②不需要

15. 为了提高公共组织的创新能力，需不需要激发一定程度冲突：_____

①需要 ②不需要 ③说不清

16. 有人认为，组织内部冲突是客观存在，难以消除的：_____

①不同意 ②不太同意 ③不清楚

④比较同意 ⑤同意

二 冲突及其产生的原因

请您根据对下列每一条陈述的赞同程度，在右边的数字上打圈，圈选的数字越大，表示您越同意这个说法。圈选 1 代表非常不同意；2 代表有点不同意；3 代表不确定；4 代表比较同意；5 代表非常同意。

1. 组织层面的冲突产生是由于：

①领导者的品格有问题	1	2	3	4	5
②权力分配失衡	1	2	3	4	5
③二把手权力太大	1	2	3	4	5
④制度设计不合理	1	2	3	4	5
⑤非正式组织（即小团体）政治化	1	2	3	4	5

⑥其他　　　　　　　　　　　　1　2　3　4　5

2. 领导的品格包括：

①诚信　　　　　　　　　　　　1　2　3　4　5

②善良　　　　　　　　　　　　1　2　3　4　5

③公正　　　　　　　　　　　　1　2　3　4　5

④智慧　　　　　　　　　　　　1　2　3　4　5

⑤自律　　　　　　　　　　　　1　2　3　4　5

⑥其他　　　　　　　　　　　　1　2　3　4　5

3. 权力分配失衡包括：

①权力高度集中于一把手　　　　1　2　3　4　5

②权力高度集中于二把手或其他领导成员　1　2　3　4　5

③横向权力配置和纵向权力配置不合理　1　2　3　4　5

④其他　　　　　　　　　　　　1　2　3　4　5

4. 组织制度设计应坚持的原则：

①公平　　　　　　　　　　　　1　2　3　4　5

②效率　　　　　　　　　　　　1　2　3　4　5

③其他　　　　　　　　　　　　1　2　3　4　5

5. 非正式组织产生的基础包括：

①共同的经历　　　　　　　　　1　2　3　4　5

②共同的志趣　　　　　　　　　1　2　3　4　5

③共同的利益　　　　　　　　　1　2　3　4　5

④共同的境遇　　　　　　　　　1　2　3　4　5

⑤其他　　　　　　　　　　　　1　2　3　4　5

6. 群体（可以理解为部门）层面的冲突产生原因：

①群体核心人错误引导　　　　　1　2　3　4　5

②群体与群体竞争　　　　　　　1　2　3　4　5

③管辖权限边界不清	1	2	3	4	5
④群体成员的个性差异	1	2	3	4	5
⑤其他	1	2	3	4	5

7. 群体与群体间竞争产生冲突的原因：

①群体之间完成组织任务的相互依赖性	1	2	3	4	5
②不同群体对稀缺资源的需求	1	2	3	4	5
③群体内的任务分配结构	1	2	3	4	5
④其他	1	2	3	4	5

8. 个体层面的冲突产生原因：

①利益分配不合理	1	2	3	4	5
②职务晋升竞争	1	2	3	4	5
③人际沟通不畅	1	2	3	4	5
④自己跟自己过不去	1	2	3	4	5
⑤其他	1	2	3	4	5

9. 人际沟通不畅的原因：

①说话人表达不清	1	2	3	4	5
②传话人传歪了信息	1	2	3	4	5
③听话人没听明白	1	2	3	4	5
④其他	1	2	3	4	5

10. 自我冲突产生的原因：

①忧郁的性格	1	2	3	4	5
②文化与现实不一致	1	2	3	4	5
③角色的不同要求	1	2	3	4	5
④其他	1	2	3	4	5

11. 环境从哪几个方面对组织冲突产生影响：

①产生冲突的条件	1	2	3	4	5

②形成冲突的氛围 　　　　　　　 1　2　3　4　5

③传统文化的影响 　　　　　　　　 1　2　3　4　5

④其他 　　　　　　　　　　　　　 1　2　3　4　5

12. 从组织冲突的环境影响分析，产生冲突的条件包括：

①外部条件反射 　　　　　　　　　 1　2　3　4　5

②局外人介入 　　　　　　　　　　 1　2　3　4　5

③社会管理弱化 　　　　　　　　　 1　2　3　4　5

④其他 　　　　　　　　　　　　　 1　2　3　4　5

13. 从组织冲突的环境影响分析，影响冲突氛围形成的因素包括：

①社会风气恶化 　　　　　　　　　 1　2　3　4　5

②组织被外部冲突包围 　　　　　　 1　2　3　4　5

③冲突有利形成公理 　　　　　　　 1　2　3　4　5

④其他 　　　　　　　　　　　　　 1　2　3　4　5

14. 从组织冲突的环境影响分析，传统文化的影响包括：

①过于出头成众矢之的 　　　　　　 1　2　3　4　5

②不讲交情 　　　　　　　　　　　 1　2　3　4　5

③不够哥们意思 　　　　　　　　　 1　2　3　4　5

④不给面子 　　　　　　　　　　　 1　2　3　4　5

⑤其他 　　　　　　　　　　　　　 1　2　3　4　5

15. 关于冲突产生的原因：

①个性不同 　　　　　　　　　　　 1　2　3　4　5

②沟通不畅 　　　　　　　　　　　 1　2　3　4　5

③组织结构的原因 　　　　　　　　 1　2　3　4　5

④权力争夺 　　　　　　　　　　　 1　2　3　4　5

⑤利益分配不当 　　　　　　　　　 1　2　3　4　5

⑥其他　　　　　　　　　　　　　1　2　3　4　5

三　冲突类型的划分

请您根据对下列每一条陈述的赞同程度，在右边的数字上打圈，圈选的数字越大，表示您越同意这个说法。圈选 1 代表非常不同意；2 代表有点不同意；3 代表不确定；4 代表比较同意；5 代表非常同意。

1. 按冲突的从属关系分类，冲突可分为：

①主动的冲突　　　　　　　　　1　2　3　4　5

②被动的冲突　　　　　　　　　1　2　3　4　5

③其他　　　　　　　　　　　　1　2　3　4　5

2. 按冲突的体制状态分类，冲突可分为：

①变革引起的冲突　　　　　　　1　2　3　4　5

②无为产生的冲突　　　　　　　1　2　3　4　5

③其他　　　　　　　　　　　　1　2　3　4　5

3. 按冲突的工作流程分类，冲突可分为：

①决策过程的冲突　　　　　　　1　2　3　4　5

②执行过程的冲突　　　　　　　1　2　3　4　5

③控制过程的冲突　　　　　　　1　2　3　4　5

④其他　　　　　　　　　　　　1　2　3　4　5

4. 按冲突的主体分类，冲突可分为：

①自我冲突　　　　　　　　　　1　2　3　4　5

②人际冲突　　　　　　　　　　1　2　3　4　5

③群际冲突　　　　　　　　　　1　2　3　4　5

④其他　　　　　　　　　　　　1　2　3　4　5

5. 按冲突的内容分类，冲突可分为：

①客观的冲突、主观的冲突　　　1　2　3　4　5

②现实的冲突、非现实的冲突　　　　　1　2　3　4　5

③实质冲突、情感冲突　　　　　　　　　1　2　3　4　5

④认知冲突、情感冲突　　　　　　　　　1　2　3　4　5

⑤任务冲突、关系冲突　　　　　　　　　1　2　3　4　5

⑥任务冲突、关系冲突、过程冲突　　　　1　2　3　4　5

⑦其他　　　　　　　　　　　　　　　　1　2　3　4　5

6. 按冲突的性质与效应分类，冲突可分为：

①正式的冲突、非正式的冲突　　　　　　1　2　3　4　5

②竞争型冲突、合作型冲突　　　　　　　1　2　3　4　5

③良性冲突、恶性冲突　　　　　　　　　1　2　3　4　5

④其他　　　　　　　　　　　　　　　　1　2　3　4　5

7. 按冲突的规模分类，冲突可分为：

①局部的冲突　　　　　　　　　　　　　1　2　3　4　5

②全部的冲突　　　　　　　　　　　　　1　2　3　4　5

③其他　　　　　　　　　　　　　　　　1　2　3　4　5

8. 按冲突的关系分类，冲突可分为：

①高依赖型的冲突、低依赖型的冲突　　　1　2　3　4　5

②双方的冲突、多方的冲突　　　　　　　1　2　3　4　5

③信任的冲突、不信任的冲突　　　　　　1　2　3　4　5

④其他　　　　　　　　　　　　　　　　1　2　3　4　5

9. 按冲突的空间分类，冲突可分为：

①纵向冲突　　　　　　　　　　　　　　1　2　3　4　5

②横向冲突　　　　　　　　　　　　　　1　2　3　4　5

③其他　　　　　　　　　　　　　　　　1　2　3　4　5

10. 按冲突的时间分类，冲突可分为：

①持续的冲突　　　　　　　　　　　　　1　2　3　4　5

②间断的冲突　　　　　　　　　　　1　2　3　4　5

③其他　　　　　　　　　　　　　　1　2　3　4　5

11. 您认为上述所有类型的冲突共同特点是必须经过：

①潜在、萌芽、显现 3 个发展阶段　　1　2　3　4　5

②潜在、知觉、感觉、显现、结果 5 个发展阶段

　　　　　　　　　　　　　　　　　1　2　3　4　5

③任何一种类型都能反映其他冲突类型的特点

　　　　　　　　　　　　　　　　　1　2　3　4　5

四　冲突诊断和处理方法

请您根据对下列每一条陈述的赞同程度，在右边的数字上打圈，圈选的数字越大，表示您越同意这个说法。圈选 1 代表非常不同意；2 代表有点不同意；3 代表不确定；4 代表比较同意；5 代表非常同意。

1. 您了解冲突的方式是：

①用耳朵倾听　　　　　　　　　　　1　2　3　4　5

②用眼睛观察　　　　　　　　　　　1　2　3　4　5

③用嘴巴询问　　　　　　　　　　　1　2　3　4　5

④用头脑缜密思考　　　　　　　　　1　2　3　4　5

⑤其他　　　　　　　　　　　　　　1　2　3　4　5

2. 为了诊断出处于潜在阶段的冲突，您经常采取的办法是：

①换位思考　　　　　　　　　　　　1　2　3　4　5

②推论结果　　　　　　　　　　　　1　2　3　4　5

③其他方法　　　　　　　　　　　　1　2　3　4　5

3. 为了诊断出处于萌芽阶段的冲突，您经常采取的办法是：

①投石问路，先让对方露一下观点   1 2 3 4 5

②看看对问题的关注程度和议论程度   1 2 3 4 5

③其他方法   1 2 3 4 5

4. 为了诊断出处于显现阶段的冲突，您经常采取的办法是：

①静静观察   1 2 3 4 5

②展开调研   1 2 3 4 5

③其他方法   1 2 3 4 5

作为公共组织和领导者，处理冲突的方法

5. 在冲突处在潜在阶段时，为避免冲突出现，经常采取的方法是：

①消除产生冲突的构件   1 2 3 4 5

②创造得失平衡   1 2 3 4 5

③建立共同的价值观   1 2 3 4 5

④其他方法   1 2 3 4 5

6. 在冲突已经有了萌芽时，为了避免冲突出现，经常采取的方法是：

①转换冲突相关人的认知   1 2 3 4 5

②把冲突变为积极因素   1 2 3 4 5

③推迟冲突发生时间   1 2 3 4 5

④改变冲突发生地点   1 2 3 4 5

⑤变换冲突角色   1 2 3 4 5

⑥其他   1 2 3 4 5

7. 在冲突已显现但还可以控制时，为了化解冲突，经常采取的方法是：

①对冲突当事人进行疏导   1 2 3 4 5

②强制按组织意见办　　　　　　1　2　3　4　5

③冷却一段时间再说　　　　　　1　2　3　4　5

④转移冲突视线　　　　　　　　1　2　3　4　5

⑤向冲突当事人妥协　　　　　　1　2　3　4　5

⑥处理冲突核心人物　　　　　　1　2　3　4　5

⑦把利益群体切割成若干群体　　1　2　3　4　5

⑧正面解决问题　　　　　　　　1　2　3　4　5

⑨先扫清外围再解决　　　　　　1　2　3　4　5

⑩利用冲突解决冲突　　　　　　1　2　3　4　5

⑪其他　　　　　　　　　　　　1　2　3　4　5

8. 当冲突达到一定程度不可控制，为了化解冲突，采取的办法是：

①谈判解决　　　　　　　　　　1　2　3　4　5

②调解、仲裁或行政诉讼解决　　1　2　3　4　5

③武力解决　　　　　　　　　　1　2　3　4　5

④其他方法　　　　　　　　　　1　2　3　4　5

9. 组织冲突可以控制的方面是：

①冲突的激烈程度　　　　　　　1　2　3　4　5

②冲突的频繁程度　　　　　　　1　2　3　4　5

③冲突导致的后果　　　　　　　1　2　3　4　5

④冲突活动的过程　　　　　　　1　2　3　4　5

⑤冲突的根源　　　　　　　　　1　2　3　4　5

⑥冲突的解决方案　　　　　　　1　2　3　4　5

10. 组织内部冲突的主要表现形式是：

①心理发生抵触　　　　　　　　1　2　3　4　5

②私下议论　　　　　　　　　　1　2　3　4　5

③公开争论   1   2   3   4   5

④向领导反映   1   2   3   4   5

⑤工作不予配合   1   2   3   4   5

⑥孤立对方   1   2   3   4   5

11. 当冲突处于潜在阶段，冲突还没有被认识。这时，人们对将要产生的冲突事件判断是：好事；对对方的评价是：认可；心态是：平和；情绪是：友好。   1   2   3   4   5

12. 当冲突处于萌芽阶段，冲突已经被注意到，但还没有显现。这时，人们对将要产生的冲突事件判断是：坏事；对对方的评价是：不认可；心态是：紧张；情绪是：对立。

              1   2   3   4   5

13. 当冲突处于显现阶段，人们对产生的冲突事件判断是：需要引起注意的坏事；对对方的评价是：非常不认可；心态是：非常紧张；情绪是：非常对立。   1   2   3   4   5

作为组织一员，处理冲突的方法

1. 我与上级发生冲突时，通常会据理力争，毫不相让。

              1   2   3   4   5

2. 我与上级发生冲突时，通常会先服从上级，等以后私下找上级沟通。

              1   2   3   4   5

3. 我尽量与同事讨论问题，以寻求一种双方都能接受的解决办法。

              1   2   3   4   5

4. 为了不惹麻烦，在与同事发生冲突时，我尽可能地克制自己。

              1   2   3   4   5

5. 我依靠自身的影响力作出对自己有利的决定。

                                          1　2　3　4　5

6. 我常常建议用调和的方法打破僵局。　1　2　3　4　5

7. 我试图把我们更关注的所有问题公开化，以便找到最佳解决办法。　1　2　3　4　5

8. 我与下级发生冲突时，通常会要求下级绝对服从，以树立权威。　1　2　3　4　5

9. 我与下级发生冲突时，在一般情况下会采用摆事实、讲道理的方法。　1　2　3　4　5

10. 我在与下级发生冲突，在工作量大、时间紧时，会强制解决。　1　2　3　4　5

下面是单项选择，将您认为最适合的选项序号填入空白处。

1. 您在解决冲突时，会考虑冲突另一方的决策：_____
①会　②不会

2. 当部门之间发生冲突时，您希望领导在冲突的哪一个阶段进行干预：_____
①冲突潜在时　②冲突萌芽时　③冲突显现时

3. 当面对个人冲突时，您首先想到的是：_____
①人善被人欺　②马上报复
③君子报仇十年不晚　④退一步海阔天空

4. 您认为，组织在处理冲突问题上大都是：_____
①有明确的指导原则，主动的　②没有准备，被动的
③就事论事　④举一反三

五　冲突管理的效应和成本

请您根据对下列每一条陈述的赞同程度，在右边的数字上

打圈，圈选的数字越大，表示您越同意这个说法。圈选 1 代表非常不同意；2 代表有点不同意；3 代表不确定；4 代表比较同意；5 代表非常同意。

1. 您认为冲突管理效应的类型有：

①盈余型　　　　　　　　　　　　　 1　2　3　4　5

②亏损型　　　　　　　　　　　　　 1　2　3　4　5

③零净收益型　　　　　　　　　　　 1　2　3　4　5

④其他　　　　　　　　　　　　　　 1　2　3　4　5

2. 您认为冲突管理效应包括：

①组织绩效的提高　　　　　　　　　 1　2　3　4　5

②组织形象的提升　　　　　　　　　 1　2　3　4　5

③组织目标的实现　　　　　　　　　 1　2　3　4　5

④良好的社会效果的形成　　　　　　 1　2　3　4　5

⑤其他　　　　　　　　　　　　　　 1　2　3　4　5

3. 您认为冲突管理效应取决于：

①冲突中的组织收益　　　　　　　　 1　2　3　4　5

②冲突管理增加的组织收益　　　　　 1　2　3　4　5

③冲突管理成本　　　　　　　　　　 1　2　3　4　5

④其他　　　　　　　　　　　　　　 1　2　3　4　5

4. 您认为冲突管理：

①是有成本的　　　　　　　　　　　 1　2　3　4　5

②没有成本　　　　　　　　　　　　 1　2　3　4　5

③效益大于成本　　　　　　　　　　 1　2　3　4　5

④效益小于成本　　　　　　　　　　 1　2　3　4　5

⑤有无成本无所谓　　　　　　　　　 1　2　3　4　5

⑥其他　　　　　　　　　　　　　　 1　2　3　4　5

5. 你认为冲突管理成本和效益控制原则包括：

①最大限度地减少成本　　　　　　　　　　1　2　3　4　5

②最大限度地扩大效益　　　　　　　　　　1　2　3　4　5

③坚持当期效益必须大于成本的原则　　　　1　2　3　4　5

④成本过大——分期摊销　　　　　　　　　1　2　3　4　5

⑤其他　　　　　　　　　　　　　　　　　1　2　3　4　5

6. 组织内部冲突对组织产生的影响有：

①人心涣散，工作效率下降　　　　　　　　1　2　3　4　5

②各部门内部团结，与其他部门竞争　　　　1　2　3　4　5

③部门间的长期争吵与指责　　　　　　　　1　2　3　4　5

④有关部门主要人员的调动　　　　　　　　1　2　3　4　5

⑤发现本部门的不足并尽力完善　　　　　　1　2　3　4　5

⑥其他　　　　　　　　　　　　　　　　　1　2　3　4　5

7. 正确的冲突管理方法的成本效益状态是：随着成本的增加，效益也在增加。　　　　　　　　　　　　1　2　3　4　5

8. 错误的冲突管理方法的成本效益状态是：成本不断增加，但效益却在不断减少。　　　　　　　　　1　2　3　4　5

9. 当采取的冲突管理方法非常正确时，用有限的成本，可以取得无限的效益。　　　　　　　　　　　1　2　3　4　5

10. 当采取的冲突管理方法绝对错误时，效益是固定的，但成本会无限增加。　　　　　　　　　　　1　2　3　4　5

11. 如果处理冲突的时间过长，在起始阶段，投入的成本与取得的效益成正比；但当达到了效益的峰值，再增加成本，效益也不再增加；如果再进一步投入，冲突则会向相反的方向发展，成本越大，效益反而越少。

　　　　　　　　　　　　　　　　　1　2　3　4　5

附录二
公共组织冲突管理研究模拟测试问卷（A卷）

　　您所在的单位：上级税务机关。税务局是组织税收的政府部门。税收是各级政府财政收入的主要来源。您所在的机关是基层税务局的领导机关，不直接收税，但负责基层税务局的人事、财务和业务管理。

　　您扮演的角色：上级税务机关领导，也是冲突管理的领导者。

　　故事情节一：上世纪六、七十年代，由于实行计划经济体制，国家财政收入以企业上交利润为主体，因此，税务工作还不被人们所重视。大学和中专毕业生是稀缺资源，想到税务局工作的人不多，税务干部缺乏来源。到了80年代，经济体制改革，出现了大量的从事工商业的个体户，为了满足工作需要，上级税务机关允许基层税务局在社会上雇佣一批临时用工，叫"协税员"，主要从事个体税收的征收管理。

　　随着社会主义市场经济体制的逐步确立，税务局地位逐渐提高，想到税务局工作的人多起来。大量知青返城，劳动就业成了社会问题，不少基层税务干部子女没有工作。为了解除税务干部的后顾之忧，也为了解决基层税务局人手不够用的矛盾，上级税务机关出台了一项内部政策：雇佣协税员税务干部子女优先。一批待业的基层税务干部子女进入税务局工作，月工资虽少，但毕竟有工作干了，基层税务机关打心眼儿里感谢上级税务机关。

上级税务机关为了进一步解决基层税务干部的后顾之忧，又在协税员中招录了一批工人。实际上工人在税务局没有执法资格，让他们收税属于违法，但当时法制还不健全，也没有人制止。为了解决基层税务干部子女就业问题，上级税务机关可以说费尽了心思，让基层税务干部很受感动，他们给上级税务机关写表扬信，感谢领导为老百姓办实事、办好事，上级税务机关也为给部属办实事、办好事为荣。在税务部门，工人与干部混岗收税，虽然工资待遇不一样，但相安无事。

请您从扮演的角色（上级税务机关领导）出发，回答下列问题。请注意，您回答问题的方式是单项选择，即只能选择一个参考答案，把所选择的答案序号写在空白的横线上即可。

1. 您对这件事的判断是：＿＿＿＿＿＿

①好事　②坏事　③需要应对的坏事

2. 您对基层协税员的评价是：＿＿＿＿＿＿

①好　②差　③非常不认可

3. 您这时的心态是：＿＿＿＿＿＿

①平和　②忧虑　③非常紧张

4. 您这时的情绪是：＿＿＿＿＿＿

①友好　②反感　③非常对立

5. 您这时的表现是：＿＿＿＿＿＿

①赞同　②不满　③采取行动反对

故事情节二：时间进入了上世纪 90 年代，个体工商业发展越来越快，进入基层税务局当协税员的基层税务干部子女也越来越多。工人在税务局只能占工勤编制，编制是固定的，不能超编进人；随着社会主义法制的不断完善，对工人身份因不具备执法资格不能执法的要求也越来越严格。虽然已超出了安置能力，但进税务局当协税员的临时用工人员还在逐渐增加。原因是：原有的协税员没有主动离开的；税务工作需要方方面面的支持，一些关系户也经人介绍到税务局当协税员。协税员工资待遇低，他们就到所管辖的个体工商户去取得平衡，今天拿把韭菜，明天要块肉，个体工商户很反感，但又得罪不起，就以少缴税取得平衡。基层税务局和上级税务机关也都感到协税员损害了组织形象。

请您从扮演的角色（上级税务机关领导）出发，回答下列问题。请注意，您回答问题的方式是单项选择，即只能选择一个参考答案，把所选择的答案序号写在空白的横线上即可。

1. 您对这件事的判断是：＿＿＿＿＿＿

①好事　②坏事　③需要应对的坏事

2. 您对基层协税员的评价是：＿＿＿＿＿＿

①好　②差　③非常不认可

3. 您这时的心态是：＿＿＿＿＿＿

①平和　②忧虑　③非常紧张

4. 您这时的情绪是：＿＿＿＿＿＿

①友好　②反感　③非常对立

5. 您这时的表现是：＿＿＿＿＿＿

①赞同　②不满　③采取行动反对

故事情节三：时间进入了本世纪初。随着时间的推移，一部分协税员产生了不满情绪。他们与在职税务干部比,认为都是干一样的工作,但无论是工资或是奖金都差很多;他们与原来从协税员招录到税务局的正式工人比,认为组织不公平,都是一样的条件,前几任税务机关领导能招录,现在的领导就不去争取,对群众不负责任。面对这些不满情绪,基层税务局领导感到很无奈,有的也同情这些协税员,协税员向他们投诉,他们说自己无权解决问题。于是,协税员们纷纷到上级税务机关上访。由于得不到解决,协税员们开始联合起来,集体上访,向上级税务机关施压。上级税务机关感到头疼:工勤编制已基本上让前几任班子批准招录的协税员占满,还有少量空编满足不了所有协税员的诉求;上级对不允许协税员执法问题已经三令五申,即使把他们招录进来,也没有工作可干;况且,协税员当中有一些人素质不高,不适合在税务局这样的权力部门工作。但不让他们成为税务局的正式工作人员,也面临着难题。上级税务机关左右为难,协税员上访时经常发生碰撞,有愈演愈烈的趋向。

请您从扮演的角色(上级税务机关领导)出发,回答下列问题。请注意,您回答问题的方式是单项选择,即只能选择一个参考答案,把所选择的答案序号写在空白的横线上即可。

1. 您对这件事的判断是:＿＿＿＿＿＿

①好事　②坏事　③需要应对的坏事

2. 您对基层协税员的评价是:＿＿＿＿＿＿

①好　②差　③非常不认可

3. 您这时的心态是:＿＿＿＿＿＿

①平和　②忧虑　③非常紧张

4. 您这时的情绪是:＿＿＿＿＿＿

①友好　②反感　③非常对立

5. 您这时的表现是：＿＿＿＿＿＿

①赞同　②不满　③采取行动反对

附录三
公共组织冲突管理研究模拟测试问卷（B 卷）

　　您所在的单位：基层税务局。税务局是组织税收的政府部门。税收是各级政府财政收入的主要来源。您所在的单位具体负责收税，但无权招录工作人员，招录权在上级税务机关。

　　您扮演的角色：基层税务局的协税员（临时工），也是冲突当事人。

　　故事情节一：上世纪六、七十年代，由于实行计划经济体制，国家财政收入以企业上交利润为主体，因此，税务工作还不被人们所重视。大学和中专毕业生是稀缺资源，想到税务局工作的人不多，税务干部缺乏来源。到了 80 年代，经济体制改革，出现了大量的从事工商业的个体户，为了满足工作需要，上级税务机关允许基层税务局在社会上雇佣一批临时用工，叫"协税员"，主要从事个体税收的征收管理。

　　随着社会主义市场经济体制的逐步确立，税务局地位逐渐提高，想到税务局工作的人多起来。大量知青返城，劳动就业成了社会问题，不少基层税务干部子女没有工作。为了解除税务干部的后顾之忧，也为了解决基层税务局人手不够用的矛盾，上级税务机关出台了一项内部政策：雇佣协税员税务干部子女优先。一批待业的基层税务干部子女进入税务局工作，月工资虽少，但毕竟有工作干了，基层税务机关打心眼儿里感谢上级税务机关。

上级税务机关为了进一步解决基层税务干部的后顾之忧，又在协税员中招录了一批工人。实际上工人在税务局没有执法资格，让他们收税属于违法，但当时法制还不健全，也没有人制止。为了解决基层税务干部子女就业问题，上级税务机关可以说费尽了心思，让基层税务干部很受感动，他们给上级税务机关写表扬信，感谢领导为老百姓办实事、办好事，上级税务机关也为给部属办实事、办好事为荣。在税务部门，工人与干部混岗收税，虽然工资待遇不一样，但相安无事。

请您从扮演的角色（协税员）出发，回答下列问题。请注意，您回答问题的方式是单项选择，即只能选择一个参考答案，把所选择的答案序号写在空白的横线上即可。

1. 您对这件事的判断是：_____

①好事　②坏事　③需要应对的坏事

2. 您对基层协税员的评价是：_____

①好　②差　③非常不认可

3. 您这时的心态是：_____

①平和　②忧虑　③非常紧张

4. 您这时的情绪是：_____

①友好　②反感　③非常对立

5. 您这时的表现是：_____

①赞同　②不满　③采取行动反对

故事情节二：时间进入了上世纪 90 年代，个体工商业发展越来越快，进入基层税务局当协税员的基层税务干部子女也越来越多。工人在税务局只能占工勤编制，编制是固定的，不能超编进人；随着社会主义法制的不断完善，对工人身份因不具备执法资格不能执法的要求也越来越严格。虽然已超出了安置能力，但进税务局当协税员的临时用工人员还在逐渐增加。原因是：原有的协税员没有主动离开的；税务工作需要方方面面的支持，一些关系户也经人介绍到税务局当协税员。协税员工资待遇低，他们就到所管辖的个体工商户去取得平衡，今天拿把韭菜，明天要块肉，个体工商户很反感，但又得罪不起，就以少缴税取得平衡。基层税务局和上级税务机关也都感到协税员损害了组织形象。

请您从扮演的角色（协税员）出发，回答下列问题。请注意，您回答问题的方式是单项选择，即只能选择一个参考答案，把所选择的答案序号写在空白的横线上即可。

1. 您对这件事的判断是：_____

①好事 ②坏事 ③需要应对的坏事

2. 您对基层协税员的评价是：_____

①好 ②差 ③非常不认可

3. 您这时的心态是：_____

①平和 ②忧虑 ③非常紧张

4. 您这时的情绪是：_____

①友好 ②反感 ③非常对立

5. 您这时的表现是：_____

①赞同 ②不满 ③采取行动反对

故事情节三：时间进入了本世纪初。随着时间的推移，一部分协税员产生了不满情绪。他们与在职税务干部比，认为都是干一样的工作，但无论是工资或是奖金都差很多；他们与原来从协税员招录到税务局的正式工人比，认为组织不公平，都是一样的条件，前几任税务机关领导能招录，现在的领导就不去争取，对群众不负责任。面对这些不满情绪，基层税务局领导感到很无奈，有的也同情这些协税员，协税员向他们投诉，他们说自己无权解决问题。于是，协税员们纷纷到上级税务机关上访。由于得不到解决，协税员们开始联合起来，集体上访，向上级税务机关施压。上级税务机关感到头疼：工勤编制已基本上让前几任班子批准招录的协税员占满，还有少量空编满足不了所有协税员的诉求；上级对不允许协税员执法问题已经三令五申，即使把他们招录进来，也没有工作可干；况且，协税员当中有一些人素质不高，不适合在税务局这样的权力部门工作。但不让他们成为税务局的正式工作人员，也面临着难题。上级税务机关左右为难，协税员上访时经常发生碰撞，有愈演愈烈的趋向。

请您从扮演的角色（协税员）出发，回答下列问题。请注意，您回答问题的方式是单项选择，即只能选择一个参考答案，把所选择的答案序号写在空白的横线上即可。

1. 您对这件事的判断是：＿＿＿＿＿＿

①好事　②坏事　③需要应对的坏事

2. 您对基层协税员的评价是：＿＿＿＿＿＿

①好　②差　③非常不认可

3. 您这时的心态是：＿＿＿＿＿＿

①平和　②忧虑　③非常紧张

4. 您这时的情绪是：＿＿＿＿＿＿

①友好 ②反感 ③非常对立

5. 您这时的表现是：＿＿＿＿＿＿

①赞同 ②不满 ③采取行动反对

索　引